BEST OF POETRY SLAM

#1

INHALT

———

Moment mal.

Manche Geschichten verändern ein ganzes Leben. Sie sind im richtigen Augenblick da. In all jenen Momenten, in denen ein Wort, ein Satz ein Leben retten kann. Und weil wir an genau diese Momente glauben, weil wir an die Magie von Geschichten glauben, gibt es dieses Buch.

Seit vielen Jahren besuchen uns die Geschichten und Gedichte aus den Köpfen der Poeten auf den Bühnen Hamburgs. Für fünf Minuten, manchmal für einen ganzen Abend. Und da stehen sie nun und warten auf ihren Applaus. Warten auf das Klatschen, auf das Lachen, auf die Tränen und das Staunen. Denn dafür leben die Geschichten und ihre Schreiber. Dafür brennen und beben sie und dafür kämpfen sie miteinander und manchmal auch gegen die Kunst.

Und weil wir wissen, wie schnell so ein Moment vergehen kann, wie flüchtig ein Abend oder eine Nacht sein können, haben wir die besten, die wildesten, die aufregendsten und schönsten, die berührendsten und lustigsten Geschichten der Slam Poeten gesammelt, die uns schon so viele Jahre lang begleiten. Sie alle sind ein Teil vom »Kampf der Künste«, von all den Abenden und Nächten, von den Bühnen und Plätzen, von Schweiß und Schwielen und von unserem Traum, Poetry Slam zu jenen zu bringen, die all das erst ermöglichen: zu Euch.

Diese Geschichten-Sammlung ist nicht nur ein Moment zum Mitnehmen und Immer-wieder-Durchlesen, zum Weinen und Lachen, zum Träumen und Erinnern, zum Festhalten und Loslassen, sondern auch unser Dankeschön an all die wunderbaren Menschen, die uns auf unserem Weg begleitet haben.

Manche Geschichten verändern ein ganzes Leben. Nimm dir eine von ihnen und mach sie zu einer solchen.

Dein Kampf-der-Künste-Team

Liebe Leserinnen,
liebe Leser,

diese Anthologie ist mit großer Sicherheit eine beeindruckende Reihe von Geschichten und Gedichten, die es in dieser Form noch nie gegeben hat. Es ist eine Festschrift, kontrollierter Spaß über den Grenzen des Machbaren, weiter und zurück.

Ich erinnere mich an einige sehr intensive Abende in einer Gemeinschaftspraxis, wo ich Kuriosa und Denkanstöße oft noch live tippte und wegen ihrer meist zu drastischen Situationsbezogenheit mit einigen Fußnoten versehen musste, damit es dem Leser und mir, dem Autor, später möglich war, dem Sinn und Sachzusammenhang der Erzählung folgen zu können. Lassen Sie uns ein paar Schritte zusammen gehen. Es waren diese meist rissigen und unberührten Spätnachmittage. Winterlich und mit ihrer unmittelbaren Melodie so vertraut und bequem verleiteten sie den Künstler dazu, diese Symbiose aus Lyrik und prosaischen Texten entstehen zu lassen. Ob im Kreise meiner Selbst oder später allein bei der Nachbereitung, unter Freunden, vielleicht auch auf der einen oder anderen ehrbaren Bühne oder den Vertiefungen der hanseatischen Kunst, Emotionen blieben immer im Spiel. Voll, ausgedehnt, phantasierend, vielleicht auch manchmal müde, schrieb der Autor an seinem Werk. Begleitet wurde er von Slim Shady, der wilden Meute aus dem Weserstadion, Cheb Khaled und seiner Aicha oder ähnlichem. Manchmal geblendet durch das grelle Licht des Laptops, manchmal nur zu nah am Text, um das ß zu finden, aber mit Liebe und Verstand entstanden damals letztendlich »die karierten Verse« – denn es ist schön dich zu sehen, komm reich uns deine Hand, auch wir sind hier geboren und trotzdem fremd in diesem Land. Schön dich zu sehen, komm reich uns deine Hand, wir können etwas ändern mit Liebe und Verstand[1].

---

[1] aus »Liebe und Verstand« von Sisters Keepers.

Das Charakteristische an dieser Serie war die schlichte Form, die naive Erzählung von einfachen Dingen und die dadurch entstehende sehr geduldige Situationskomik. Zumeist handelte es sich in den Erzählungen um einfache, alltägliche Handlungen wie beispielsweise das Pressen von Orangen oder das Bauen eines Hauses. Die gesamte Reihe war ständig durch sehr banale, aber auf einer starken Stufe deutlich als scharf gesellschaftskritisch anmutende Gedichte untermalt. Das Hauptmotiv dieser Erzählreihe war deutlich in der versteckt kritischen Auseinandersetzung mit dem Loslassen zu erkennen.

In einer Formen- und Farbenvielfalt schildert der Autor und Dichter das gewöhnliche Leben eines Menschen, der hin- und hergerissen ist zwischen seiner Religion und der damit verbundenen Liebe zu Gott sowie seinem ewigen Bestreben nach der Verwirklichung seiner Selbst. Die Gedichte sind gekennzeichnet durch eine enorme Tiefe, die auf den ersten Blick einem ausgetrockneten Flusslauf in einem Trockental in den Wüstengebieten Nordafrikas, Vorderasiens und teilweise Spaniens (Wadi) ähnelt, sich später aber in einem immer bodenloseren und unbegrenzteren Ozean ergießt.

Ich möchte mich an dieser Stelle selbst zitieren:

Hamburg Flughafen I

Am Anfang einer Reise. Treiben. Es regnet, doch keiner wird nass.
Ich lächle meine Seele nach draußen frei.
Alles so leicht, so klar, die Luft voller Hoffnung.
Beobachte andere. Wie mag es ihnen gehen?

Ich möchte Sie mit dieser Anthologie auf eine Reise mitnehmen. Wahrscheinlich gehen die Autoren in ihren Texten und Gedichten auf einer sehr vertrauten Ebene mit dem Wesen ›Mensch‹ um. Sie schildern anhand kleiner Begebenheiten aus dem Leben und dem Leben ihrer Mitmenschen, manchmal auch keinem von beiden, die universelle Göttlichkeit des Slams und vereinen sich damit auf geistiger Ebene mit ihren Idolen. Was mögen sie denken?

Vereinfacht gesagt muss ich annehmen, dass die Verfasser dieser Festschrift Liebe und großes Wohlwollen für die Worte Gandhis zum Ausdruck bringen möchten, indem durch den Frieden und die Ruhe, die in seinen Texten liegen, eine Einheit aus Lehm und Milch gebildet wird, mit welcher dann symbolisch ein Tempel wiedererbaut werden kann. Es geht um uneingeschränkte Loyalität zwischen hier und da. Lassen Sie sich auf diese Reise ein.

Viele von Ihnen, teure Leser, werden in Ihrem Dasein gar nicht die Zeit und die Kraft, die notwendig ist, um dieses Werk in seiner absolut unübertrefflichen Gesamtheit zu erfassen, aufbringen können. Was positiv ist, weil Sie dadurch immer echt bleiben, immer im Hier. Dieses sehr kleine, spirituelle Vorwort, oder je nach Lesart auch Denkansatz, soll dabei behilflich sein, den Versuch zu unternehmen, sowohl mit den Werken der Autoren als auch mit sich selbst zu einem gemeinsamen Konsens zu finden, um dann vielleicht doch eines Tages den häuslichen Sandsack auf einer Reise, beispielsweise nach Pakistan, auch dort zurückzulassen.

Liebe Leser, ich wünschen Ihnen weiterhin viel Erfolg auf Ihrem Weg und denken Sie immer daran: Nichts ist für immer, die Kunst aber schon und Kämpfen ist natürlich auch irgendwo natürlich.

Ihr Michel Q. Abdollahi

»Jeder Vogel singt so,
wie ihm der Schnabel gewachsen ist.«
Deutsches Sprichwort

DER ZAUBERLEHRLING (AUS SICHT DES BESENS)

Andy Strauß

Ach ihr armen Kreaturen
Die ihr auf zwei Beinen lauft
Die, wie jede der Naturen
Atmet, fühlt, verdaut und sauft
Wie schrecklich ist nur euer Weilen
Auf der Erde grünem Grund
Man mag die Forschheit mir verzeihen
Doch ist es sicher nicht gesund

Dass ihr für die Zeit des Lebens
Nicht bloß munter existiert
Sondern sonderlich vergebens
Verstehen wollt, was hier passiert

Ihr schlausten aller Fauna-Viecher!
Ihr Adelung der Schöpfens-Kunst
Neiden werd' ich euch ganz sicher
Nicht des hohen Denkens Gunst

Denn jener Gedankenstrom
Der eurem Geiste innewohnt
Euch zu dem macht, was ihr seid
Klug oder gar blitzgescheit
Jene starke Wissbegier
Die euch abhebt von dem Tier
Ist doch erst der Qualen Quell

Du kannst schreiben
Du kannst lesen
Ich kann nichts
Ich bin ein Besen!
Nur ‚ne Stütze für Ästheten
Die es gerne reinlich hätten

Muss nicht denken, muss nicht handeln
Muss nichts lenken, muss nicht wandeln
Kenn' nicht Pflicht
Und nicht Moral
Jedes Gedicht
Mir scheißegal

Alle Worte überflüssig
Und ich der Zeit nie überdrüssig

Wie lang ich auch in Kammern weile
Nie empfind' ich Langeweile
Kann einfach Stock sein mit Geflecht
Selbst ohne fänd' ich mich nicht schlecht
Und nagt ein Holzwurm mich entzwei
So ist mir das auch einerlei

Kein Gott, kein Staat, kein Vaterland
Weder genial noch hirnverbrannt
Den Frieden hab' ich nie gesucht
Und ihn doch längst für mich gebucht

Und doch hätte ich eine Bitte:
Lass mich so in deiner Mitte
Weck mich nicht mit Zauberkraft
Weder Bürste, noch den Schaft
Lass mich schlafen so für immer
Dann helf' ich dir in deinem Zimmer
Passiv zwar und ohne Eifer
Doch mit Zufriedenheit als Lifestyle

Sprach der Besen mir ganz leise
Als ich völlig einst im Rausche
Während einer Schlummerreise
An des Besens Stile lauschte
Als ich dann ad hoc erwachte
Und über das Erdachte lachte
Kam mein Bruder, der Rasierte

Und am Körper tätowierte
Grenzdebil ins Zimmer rein
Und wollte »Walle, Walle« schrein

»Wie wat walle? Wat willst du denn?
Lass den Besen ma' in Ruh' penn'«
Schrie ich ihm aus voller Kehle
Als ging's um meine eigne Seele

Und nochmal sprach er »Walle!« laut
Was hab ich ihn da angeschaut
Als wollt' ich ihm den Kopf abtrennen
Und damit durch das Dörflein rennen

Mein Bruder, der nicht registrierte
Was hier eigentlich passierte
Türmte dann vor meinen Blicken
So grimmig er sie niemals kannt'
Später erst wurd' mir gewahr
Dass ›Walle‹ ja mein Name war
Kurze Form von Valentin
Wie mein Bruder mich genannt

Und der Grund für sein Erscheinen
War nicht Zauberei und Schmarrn
Fürchterlich war er am Schreien
Um mich vor 'nem Brand zu warn
Denn es schwelte! Und es glimmte!
Hexenkesselslichterloh!
Ganz als wärn Wand und Tapete
Lediglich ein Büschel Stroh

Und es bissen sich die Flammen
Als sie immer näher kamen
Tief in meine Haut hinein
Fraßen auf den Mensch, das Wesen
Und natürlich auch den Besen
Wir werden beide Asche sein

Schluss mit Denken
Schluss mit Lenken
Schluss mit Atmen wie ein Stein
Kein Gott, kein Staat, kein Vaterland
Kein Krieg und auch kein Reim

ANDY STRAUSS, 30+X, *Heimatstadt?* Münster; *Alter in geschriebenen Slam-Texten?* Mindestens vier Mal gestorben; *Und wenn du nicht auf einer Slam-Bühne stehst?* Dann zuckere ich Erdbeeren, lege sie in eine Schüssel und laufe dann vor der Schüssel weg, weil sie gezuckerte Erdbeeren enthält.

APATHISCHE APOKALYPSE

Sebastian Lehmann

E ntschuldigung«, sage ich zu dem Mann, der gerade herzhaft in einen riesigen Döner beißt, so dass einige putzlappenbraune Fleischstücke zu Boden fallen. »Könnte es sein, dass die Welt untergeht?« Ich deute auf eine riesige pechschwarze, von grellen Blitzen durchzogene Wolkenwand, die gerade über dem Fernsehturm schwebt. Ein Blitz schlägt in den Turm ein, er fällt krachend um. Hilfeschreie wehen sogar bis hierher.

»Was weiß ich«, sagt der Mann, nimmt noch einen großen Bissen Döner, Fleisch und Tomatenstücke rieseln wieder auf den Boden, sein mit Knoblauchsoße verschmiertes Gesicht verzieht sich unwillig: »Kann man denn nicht mal mehr in Ruhe einen Döner essen?«

Ich schaue wieder auf die apokalyptische Wolkenwand am Himmel. Sie rollt gerade über das Kanzleramt hinweg und zerreißt es in tausend Stücke. So eine Apokalypse hat nicht nur Schattenseiten, denke ich. Aber wenn das so weiter geht mit dem Weltuntergang, hat er auch mich hier bald erreicht.

Ich gehe also schnell in die entgegengesetzte Richtung weiter und treffe auf einen »Extrablatt, Extrablatt« rufenden Zeitungsverkäufer. Ich kaufe ihm ein Exemplar ab, sicher stehen in der Zeitung wichtige Infos über die Apokalypse oder was danach kommt. Vielleicht gibt es ja irgendwo riesige Bunker, wo die Menschheitselite überleben darf und wo ich schleunigst hin sollte.

Ich schlage die Zeitung auf und lese die schockierende erste Meldung: »Gefährlicher neuer Krankheitserreger in französischer Gänseleberpastete gefunden. Schon eine Person in Norddeutschland hat leichten Husten bekommen. Die Bundesverbraucherschutzministerin rät vorsichtshalber vom Verzehr jeglicher Nahrung ab, bevor nicht das Ursprungsland der französischen Pastete gefunden wurde.«

Enttäuscht lasse ich die Zeitung sinken. Einige andere Passanten, die mit großem Entsetzen ebenfalls die Zeitung gelesen haben, bringen sich vorsorglich schnell um, damit sie nicht an dem gefährlichen Erreger sterben.

Ich schaue wieder noch oben, die Apokalypse-Wolken mähen gerade den Tiergarten nieder. Starker Regen hat eingesetzt, auf den Straßen bilden sich große Bäche, in denen alles mitgerissen wird. Ein Polizist kommt auf mich zu und ruft:

»Nicht nach oben schauen, wir haben alles im Griff. Zur Ihrer eigenen Sicherheit, bitte gehen Sie weiter, es gibt kein Problem.«

»Aber die Welt geht unter, Herr Wachtmeister, was können die Behörden und die Regierung denn da noch ausrichten?«

»Wir haben einen Krisenstab gebildet, der die seltsamen Ereignisse untersuchen wird«, sagt der Polizist, aber in diesem Moment fällt eine riesige Ergo-Versicherungsplakatwand auf ihn und er ist sofort tot.

Ich renne weiter, die dunkle Wolkenwand im Rücken. Neben mir werden Bäume entwurzelt, Autos einfach so durch die Luft gewirbelt, Häuser stürzen ein, als wären sie nur Spielzeug. Ich treffe auf ein junges Pärchen, die Frau weint, der muskulöse Mann schaut entschlossen zu den dunklen Wolken am Himmel. Das sieht doch endlich nach echter Roland-Emmerich-Hollywood-Apokalypse-Tragik aus. Bestimmt ist er bei den Marines und will seine Freundin nun verlassen, um im Alleingang heldenhaft die Welt zu retten.

»Nein, Mandy, ich kann dir nicht verzeihen, dass du mich mit dem Ronny betrogen hast«, ruft er, »und dann auch noch meine Playstation...« Er kann seinen Satz nicht beenden, denn ein riesiges Leuchtschrift-M vom McDonald's nebenan begräbt sie unter sich.

Ich wende mich ab und renne weiter, komme an einem Media Markt vorbei, dessen Fassade halb weggerissen wird. Sofort stürmen Plünderer hinein, um sich mit Smartphones, Mikrowellen und Flachbildschirm-Fernsehern einzudecken. Doch sie stellen sich ganz normal an der Kasse an, obwohl da schon lange keine Kassiererin mehr sitzt.

Schließlich erreiche ich Kreuzberg. Laute Elektro-Musik schallt mir entgegen. Überall tanzen Menschen, prosten sich mit Bierflaschen zu, machen mit ihren iPhones Fotos von angeschwemmten Leichenteilen und laden sie in der eilig eingerichteten Facebook-Gruppe »It's the end of the world as we know it and I feel fine« hoch. Ein DJ hat seine Turntabels mitten auf der Straße aufgebaut, Touristen tanzen nackt im Regen zu seiner Musik und saugen dabei an riesigen Crack-Pfeifen. Jemand hat ein großes Plakat über die Oranienstraße gehängt, auf dem steht: »End of the World Party – Do the Apocalypso«. Als der DJ gerade The Doors auflegt und Jim Morrison »This is the end, my only friend, the end« singt, stürzen die Hochhäuser des Forum Kreuzberg zusammen und begraben alle crazy Partypeople unter den Trümmern.

Ich rette mich in den Kottbusser Damm und renne zum Landwehrkanal. Im Wasser dümpelt ein großes hölzernes Schiff, auf dem Hunde, Katzen, Füchse, Hasen und noch viele andere Tiere friedlich herumtollen. Ein alter Mann mit langem weißem Bart holt gerade die Leinen ein.

»Haben Sie vielleicht noch einen Platz für mich frei?« rufe ich ihm zu. Er wiegt seinen bärtigen Kopf abwägend hin und her.

»Eigentlich hatte ich ja von oben den Auftrag, nur Tiere mitzunehmen und alle Menschen abzuweisen. Aber bis auf dich hat mich noch gar niemand gefragt.« Er hält inne und ich blicke ihn flehend an.

»Na gut, mein Freund«, sagt er dann, »steig ein.«

Ich springe glücklich auf das Schiff und wir fahren sofort los. Der Regen hat den Kanal so anschwellen lassen, dass wir auf einer riesigen Flutwelle reitend schnell aus Berlin herauskommen.

Ich blicke mich um und sehe gerade noch, wie meine Heimatstadt in den apokalyptischen Fluten untergeht. Dann zünde ich mir eine Zigarette an und gehe unter Deck in meine luxuriöse Kabine.

SEBASTIAN LEHMANN, 31, *Heimatstadt?* Berlin (eigentlich wie alle Berliner aber aus Süddeutschland); *Alter in geschriebenen Slam-Texten?* 150; *Was war dein schönstes Erlebnis mit dem Kampf der Künste?* Ziemlich schön war das erste Berlin-Hamburg-Battle im Thalia Theater und dann in der Volksbühne. Selten so gute Stimmung vor und hinter der Bühne erlebt. Sehr gerechtes Ergebnis auch.

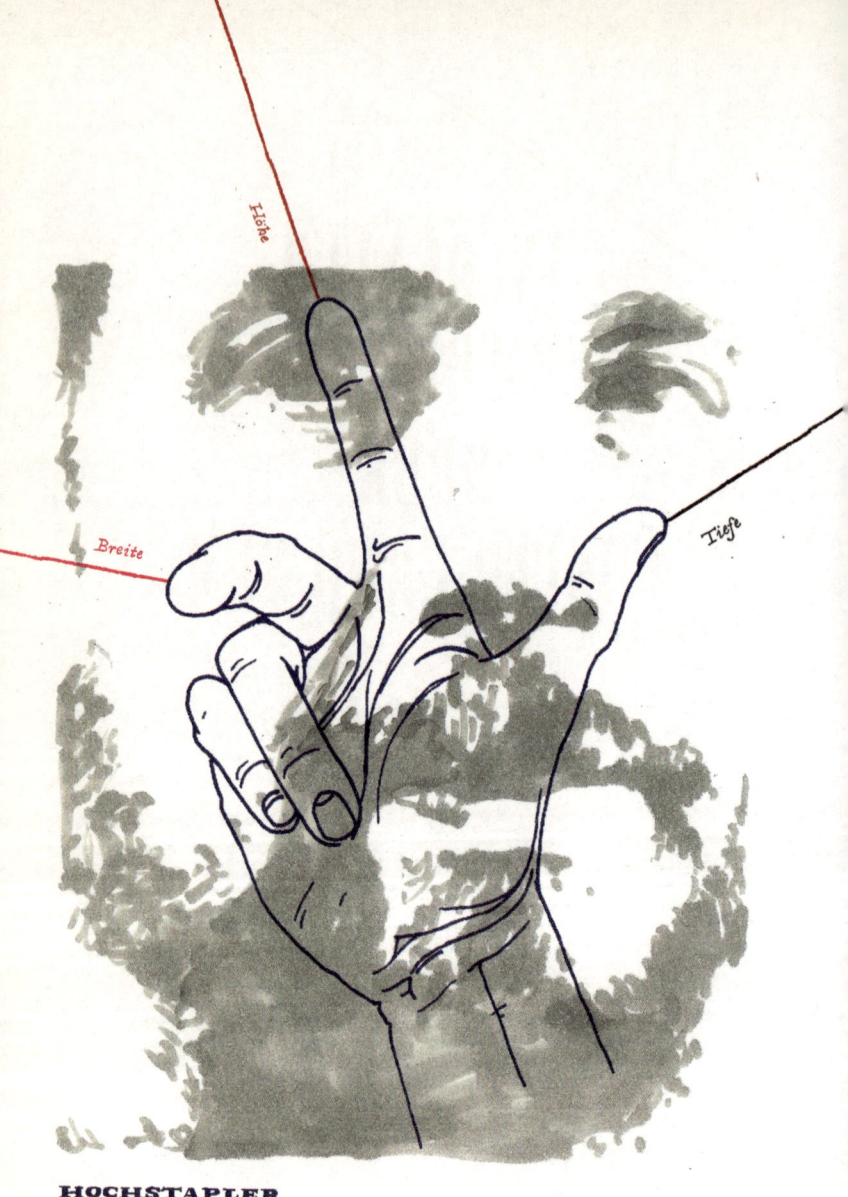

Höhe

Breite

Tiefe

HOCHSTAPLER

INCOGNITO WERWOLF BUMM ODER COGITO ERGO SUM

Dalibor Markovic

DIE FORMEL
man berechnet
den Inhalt von Körpern
mithilfe der Wörter
die Tiefe mal der Höhe mal der Breite
und eigentlich schlau wird
ein einfaches Schaubild
auf diese gar sehr schöne Art gezeichnet

*[Daumen, Zeigefinger und Mittelfinger werden wie drei Achsen
voneinander abgespreizt]*

DER RECHENWEG
ich war aufgeregt
denn ich saß mit einer Frau
im Restaurant beim Rendezvous am reservierten Tisch
wir aßen beide den
mit Estragon-Zitronenmousse an Reis servierten Fisch
dazu einen Liter naturbelassenen Grauburgunder
für mich war mit Literatur befassen ein Graus und Wunder
zugleich
aber es war unser Thema, also hätte ich fast gesagt:
»

ich lese
lieber blöde Thriller   als Goethe, Schiller
lieber Herr der Ringe   als Herder, Rilke
lieber was mit 'ner Ein-Mann-Armee-Gangsterbraut
                               als Mallarme Ezra Pound
«

aber ich wusste, sie war eine Intellektuelle
und wir hatten eines dieser Indirektduelle
bei denen man abwägt, ob man zueinander passt oder
      voneinander rast
also log ich und sagte:
»

ich lese
niemals leichten Stoff   nur Wieland, Eichendorff
auf keinen Fall Berlin-Romane nur Hölderlin, Fontane
auch keine Horrorbücher   nur Heine, Borroughs, Büchner
«

mmm
manchmal steht man hinter sich

[einen Schritt nach hinten, beobachten, einen Schritt wieder vor]

beobachtet   aber verhindert's nicht
denn ich war aufgeregt wie Ikarus' Ellenbogen
alles drehte sich   wie 'n Karussell am Boden
denn ihr Haar war
kastanienbraun   was da die genaue
Bezeichnung für ihre Schattierung war/ weiß ich nicht
quasi ein braun   das da wie ein Saum
aus Seidenpapier einen Schatten warf/ je nach Licht
war sie 'ne Frau   war sie ein Traum
der mir gehörig den Atem nahm/ im Gesicht
warn diese Augen   kastanienbraun
und so hörte mein Karussell gar nicht mehr auf
zu kreisen   reisen   Scheiße!
jetzt hatte ich ihre Frage überhört
was sollte ich antworten?
ja   nein   klar   vielleicht
wohlmöglich   wär's höflich
ganz einfach zu lächeln und dann abzuwarten
wie sie reagiert   ahahaha
ich drapier'   die Serviette   woandershin
komme mir vor   wie 'ne Marionette, die von jemand anderem
völlig gesteuert wird anders gesagt also   völlig bescheuert
mmm
manchmal steht man über sich

[in die Zehenspitzen gehen, Fäden ziehen, wieder nach unten]

beobachtet   aber verliert Übersicht

ich wiederhole mich, wenn ich sage
ich war so aufgeregt, dass ich zitterte
zum Glück wiederholte sie ihre Frage
ob mir aufregende Zitate
von den eben genannten
Poeten bekannt sind

[Luft ausstoßen, ahnungslos]

ich meine, ich habe ein breit gefächertes Wissen
über Rhymes und Rapper und Dissen
ich konnte auch das Kleine Einmaleins einmal eins a aufsagen
aber das ist lange her
ansonsten verfügte ich über Kenntnisse bei Inkenntnissetzung
von Mahngebühren, weil ich mal gefühlte hundert Sklavenjahre
in einem Callcenter gearbeitet habe
ich wollte ansetzen zu einer Antwort
aber stattdessen ging meine Hand vor
und zwar so:

*[Daumen, Zeigefinger und Mittelfinger werden wie drei Achsen
voneinander abgespreizt]*

mmm
manchmal steht man neben sich

[einen Schritt zur Seite, beobachten, einen Schritt zurück]

beobachtet   aber versteht's erst nicht

ERGEBNIS

und da fiel mir ein

man berechnet

den Inhalt von Körpern

mithilfe der Wörter

die Tiefe   mal der Höhe mal der Breite

und mir gefiel mein Ergebnis in keinster Weise

denn ich war schon tief gefallen

als verlogener Hochstapler

der von sich selbst breitgeschlagen wird

etwas darzustellen, was er nicht ist

also sagte ich:

«

in der Tat

gibt es ein Zitat

aber ich werde es nicht sprechen

sondern ich sing'

›Don't believe the hype‹

›Don't believe the hype‹

«

und ging

DALIBOR, 39, *Heimatstadt?* Frankfurt am Main; *Schönstes Erlebnis mit dem Kampf der Künste?* Die Rückfahrt von Lüneburg (nach dem Slam) nach Hamburg mit allen Beteiligten (JO, Moritz, Bente, Jasper und andere). Muss 2010 gewesen sein. Es war die lustigste Zugfahrt, die ich erlebt habe; *Lieblingsplatz zum Schreiben?* Kopf.

ALTER MANN WAS NUN? SAGTE DAS MEER

Jasper Diedrichsen

Alter Mann, was nun?
Sagte das Meer
Ich sitze hier halt so am Strand
Sagte der alte Mann
Der gar nicht so alt war

Alter Mann, wozu?
Fragte das Meer
Weil das hier der nördlichste Punkt des Landes ist
Sagte der nicht mehr ganz so junge Mann
Und weil man von hier aus Dänemark sehen kann

Alter Mann, es ist dunkel
Sagte das Meer
Ja, das ist wahr
Antwortete der alte Mann, der nach oben guckte
Sieh mal, wie viele Millionen Sterne da oben zu sehen sind
Als ich mal in der Stadt wohnte
Konnte ich sie nicht sehen
Und es ist gut zu wissen, dass sie nicht verschwunden sind

Du warst in der Stadt, alter Mann?
Fragte das Meer neugierig und stützte den Kopf auf die Hand
Ja, nunja, das war ich
Sagte der Mann
Erzähl mir von der Stadt
Bettelte das Meer
Ich kann sie mir kaum vorstellen
Gibt es wirklich überall Autos
Und Untergrundbahnen
Und große weiße Gebäude, in denen Theater gespielt wird
Und in Reihen gepflanzte Bäume
Und Füchse?

Ja, nunja, so was gibt's dort schon
Erwiderte der Mann
Aber nichts davon ist so wirklich interessant
Und du würdest es auch nicht verstehen
Wenn ich davon erzählte
Das kommt ja nun wirklich auf den Standpunkt an
Sagte das Meer aufgebracht
Ob es interessant ist oder nicht
Ich finde es sehr interessant

Und etwaige aufkommende Verständnisfragen
Könntest du mit Sicherheit beantworten, alter Mann

Sieh doch mal die Sterne an, wie sie kalt und allein auf
    ihrem Nadelkissen stecken
Und herunterleuchten, als würde es etwas zu sehen geben
Murmelte der Mann

Ich sehe sie jede Nacht
Meckerte das Meer und rückte näher heran
Aber erzähl mir etwas Neues
Ich möchte gern einmal in die Stadt

Und ich möchte gern hinaus ins Meer
Murmelte der Mann verloren
Und starrte das Meer an, ohne es anzusehen

Was hast du vor?
Bohrte das Meer misstrauisch
Und kniff sogar das linke Auge zu

Ich nehme erst noch mal einen Schluck aus dieser Flasche
Sagte der sich alt fühlende Mann
Und tat, was er angekündigt hatte
Das sieht aber gut aus
Ließ sich das Meer vernehmen
Während der achtzehn Jahre alte Whiskey den Schlund
    des Mannes hinunterrann
Der alte Mann nickte und blickte das Etikett an
Dieses Gesöff ist so alt wie ich es war, als ich meine
    Unschuld verlor

An ein Mädchen, das jetzt wer weiß wo unter
    Pflaumenbäumen sitzt
Und sich nicht an mich erinnert
Lallte der Mann
Und stellte die Glasflasche links neben sich in den kalten Sand

Eine Lachmöwe, die hätte schlafen sollen, wanderte
    verwirrt in der Nähe
Manchmal gibt's halt nichts zu lachen
Und nachts sind alle Katzen grau
Sagte der alte Mann

Und wuchtete sich in eine schwankende Aufrechtposition
Das Meer blickte ihn lange an
Und verfolgte mit einem müden Lächeln seine kleinen Schritte
Die er vorsichtig und bemüht auf die silbrige Wasserlinie zu tat

Die Sterne sind wirklich außerordentlich schön heute Nacht
Und vielleicht, ganz vielleicht
Hat das ja auch seinen Grund
Sagte das Meer bedeutsam in die Stille hinein
Obwohl der Wind noch ein bisschen herumheulte

Vielleicht
Fuhr das Meer sinnierend fort
Vielleicht gibt es ja doch etwas zu sehen
Hier, am Strand, in dieser Nacht

Der alte Mann hielt inne
Und blickte mit unverstelltem Blick das Meer an
Und er dachte etwas nach

Und wollte dann wissen:
Was willst du damit sagen, Meer?
Geh nach Hause, alter Mann
Du bist betrunken
Antwortete das Meer.

JASPER DIEDRICHSEN, 23, *Heimat?* Wo ich wohne? Hamburg.
Woher komme ich? Bordesholm*; Alter in geschriebenen Slam-Texten?* Die Frage
verstehe ich nicht; *Hamburg...?* Hamburg bedeutet für mich zu Hause, und
ich liebe es sehr. Es ist für immer die einzige Stadt in ganz Deutschland.
Das ist so und wird so bleiben.

DAS HEIDELBEERMAL
ODER
PHILOSPHIE AUF
GARAGENDÄCHERN I

Theresa Hahl

N eben den gebäudetrassen
auf den obersten terrassen
eines sonnenwindgefühls
wo sich ideen ganz gelassen
in den sonnenwellen treiben lassen
da saßen wir im saumumschlag
eines sommerangewehten tags
in phiolen unsrer köpfe

rieselte nur sehr leise destillat
von gedanken, die uns langten
für eine ganze gegenwart

zwei motten starben einen
liebeshellen neonleuchtreklametod
und an einer kette baumelte
ein überlesenes nicht-betreten-einsturz-irgendwas-verbot
so saßen wir ein lauwarmes bier lang
dort im sesamsonnenuntergang
und teilten dreiundzwanzig tiefkühlheidelbeeren –
eine für jeden wunderbar
verqueren gedanken

und ich begann dir zu erklären
... dass wolkenschiffe luftsprünge
als treibstoff tanken
und die lassen sich dann ausbremsend bauchkitzeln
von baumwipfeln beim landen

... dass, wenn man eine idee
aus der luft greift
dem wind dabei
drachenblut verabreicht
für ein seil, das durch
herbsttage streicht
... dass wir nur
tischkantenklavier spielen
an den rändern der wirklichkeit
... und dass heidelbeerblau eigentlich
die reinkarnation der farbe ist

die der himmel verliert
wenn es regnet

ich hatte schon ganz blaue lippen
(vom heidelbeeressen)
und es knisterte in den feldern
von den dingen
die wir noch zu sagen hätten
auf den bernsteinstraßen
lagen feuersprungfacetten
um ein aufflackerndes
lächeln zu retten

doch du zogst, wie arsen
aus deiner lunge atem
in deinem blick lagen flecken
auf deiner zunge tiraden
und dann begannst du
dich zu beklagen:

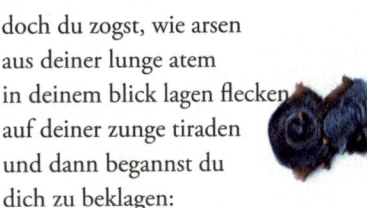

über die grüne bionadenbourgeoisie
FDP und bubbletea
lethargiegelähmten lemminglauf
kulturverschnitt im ausverkauf
hipsterhypes und fashionfarce
britney, bieber, bendzko –
so heroindurchtränkte teeniestars –
und weitere et ceteras
dass du recht hast
weiß ich ja – eigentlich
aber...

»nichts aber! an der spitze
dieses perfiden pestilenzberges
sitzt eine horde affen
die den lohn ihrer zeitarbeitssklaven
in grundnahrungsspekulationen investiert
und mit ihrem wirtschaftswaffenexportwohlstand
unseren cocktailkonsum
in sterilen großraumdiskos legitimiert!

also sag mir, mondfuchsmädchen
können verdrängung und ein narzisstischer heiligenschein
nicht viel süßer als zehntausend verdammte blaubeeren sein?«

da zerdrückte ich
die letzte heidelbeere
über deinem nasenbein

auf deiner stirn thronte nun
zum ersten schein
der sternumwanderten lampe
das perfekte
hindiheidelbeersegenspunkttika
wenn man je eines kannte
und als dein drittes auge
blaubeerfarben zerlief
so wie es die schwerkraft verlangte
hatte die nacht alle worte verbraucht
obgleich die gräser
ihre ohren spitzten
ich sprang die zweieinhalb
meter vom dach –

und hab' mir dabei vielleicht
den knöchel verstaucht –
du bliebst mit dem heidelbeermal an der dachkante sitzen

und auf dem heimweg griff ich
eine idee aus der luft

die in kein wolkenschiff passt:

dass du recht hast, weiß ich ja – eigentlich
weil all das wirklich
gesagt werden muss
doch das placebo

der verbitterten idealisten
ist ein selbstgerechter zynismus

denn man hat doch zwei gute augen
um die welt zu betrachten –
eins für heidelbeerhimmel
eins, um sie zu verachten

und man läuft gefahr
dass man die hälfte verpasst
wenn man eines der beiden
ständig geschlossen hat

THERESA HAHL, 24, *Heimatstadt?* Geboren in Heidelberg, über Berlin
und Marburg gependelt und gerade heimisch in Bochum; *Alter in geschriebenen
Slam-Texten?* Ronjaräubertochteralter.

VERGISS DIE WUT NICHT — EINE AUSREDE

Laurin Buser

Ok, ok, ok... ich sag' die Wahrheit.

    Früher schrieb ich, anstatt nur easy zu chillen
    Voller Wut, wie wir per Schlussstrich übernehmen
    Heute lieg' ich um acht Uhr mit riesen Pupillen
    Im vollen Zug und muss mich übergeben

Was'n da passiert?

    Da reimt sich alles aufeinander, außer früher und heute
    Es war ja auch 'n anderer, der die Mühe nicht scheute
    Wir hatten ja nie vor, dieses Leben zu verändern
    Wir bemerkten nur: Fuck, wir sind umgeben von Verschwendern

Wir bekamen einen Schock und es begann zu rattern
In unsrem kleinen Kopf merkten wir, dass wir es satt ham
Wir hatten keinen Bock – und es begann zu schnattern
Wir diskutierten lautstark über alles auf'm Schulhof im
    Klugscheißer-Style:

Jetzt wird's echt 'ma dreckig – echter Gossenhauer
Doch ich check' die Dialektik – wie Schopenhauer

Oh, du Schlauer: Ich gucke arte!
Doch eigentlich bist du nur 'n kleiner Zwuckel – wie Sartre

Äääh, ich bin größer als du!? Weiß nich', was dir vor'n Kopf stieß
Immer primitiv – wie die Texte Bukowskis

Du bist verwöhnt, wie die reichen Kids, die
Immer nur am nörgeln sind – wie Reich-Ranicki

Oh, der ist der Hammer, du bist echt in Schuss
Doch ich sag: Fick deine Mama – wie Ödipus

Aha, aha, jetzt wird es interessant:
Mutterfick-Komplex à la Immanuel Kant

Ich bin intelligent, hat er mit Freude erkannt
Doch verwechselt immer noch diesen Freud mit Kant

Und alle kamen, sahen und… gingen wieder weg,
    weil wir scheiße langweilig waren
Aber wir waren krass, denn wir hatten Ideale
    und gingen damit auch auf die Straße

Auf die Hauptstraße. In 4144 China Town in Arlesheim.
Bei Basel. Bei Zürich. In der Schweiz.
Und da standen wir dann, kippenpaffend
Und uns war schlecht vom Nikotin
Aber wir waren krass, denn wir hatten Ideale
Und standen dafür ein und ja – wir wurden verprügelt

Aber als dann am nächsten Tag in der Schule gefragt wurde, was denn da passiert sei, sagten wir:

»Ja, wir haben ein blaues Auge, aber schau dir unseren Feind an, der hat noch nicht mal Dostojewski gelesen.«

Ok, wir hätten ihm dieses dicke Buch besser um die Ohren geballert.

Wir warn krasse Motherfucker
Waren nicht Lasser, sondern Macher
Waren ungefickte kleine Scheißer
Gerade darum Steineschmeißer
Ein kleiner Tropfen tut es auch
Es reichte schon Hoffen, denn da war Wut im Bauch

Und wo heute diese Wut ist, das möchtest du wissen?
Nun ja, mit achtzehn kam dann halt das Kiffen

VERGISS DIE WUT NICHT

Ok, ok, ok... ich sag' die Wahrheit.

Es ist vielleicht etwas feige, seinem Vaterland die Schuld zu geben. Aber als ich irgendwann raffte, dass ich aus einem Land komme, welches sooo klein ist, entwickelte ich einen sooo großen Hass dagegen.

Liebe Schweiz, deine Überkorrektheit ist zum Psychosen schieben. Ich erinnere mich an meinen achtzehnten Geburtstag, als ich zum ersten Mal legal ein Bier kaufen wollte:

»Ausweis, bitte.«

»Sehr gerne. Da.«

»Ah, sie haben heute Geburtstag!«

»Ja.«

»Sie haben GENAU HEUTE Geburtstag!« Sie sagte es so laut, dass die ganze Reihe hinter mir freundlich nickte.

»Ui, denn cha ich Ihne das Bier leider nid verkaufe.«

»Wie bitte?«

»Erscht morn!«

»Was? Das isch jetzt aber nid eure Ärnscht?!«

»Ei Momäntli, bitte.« Sie lehnte sich rüber zur anderen Kasse und schrie: »Dä jungi Herr het hüt si achtzehnte Geburtstag. Dörf ich ihm denn's Bier verkaufe?«

»Was? Er het GENAU HÜT Geburtstag?«

»Jooo, GENAU hüt!«

»Er het also genau HÜT Geburtstag.«

Nun wussten es alle Kunden dieser Filiale. Eine fremde Person kam zu mir und gratulierte.

»Also, alles klar, ich dörf dir's Bier verkaufe, seit de Chef! Das isch denn güetig! Das macht denn 1 Franke 10, bitte.«

»DANKE, ich zahl mit Karte, BIATCH.«

Liebe Schweiz, was ist los mit dir?

Die Europäer sagen, die Amerikaner waren schuld

Die Amerikaner sagen, die Islamisten waren schuld

Die Islamisten sagen, Israel war schuld

Die Israelis sagen, die Deutschen waren schuld

Die Deutschen sagen, die Großväter waren schuld

Die Großväter sagen, die Computer sind schuld
Die Computer sagen: 01100101
Das 0:1 sagt, der Schiri war schuld
Der Schiri sagt, der Blickwinkel war schuld
Und der Blickwinkel sagt: »AH MANN. Immer ich!«

Und dann kommt die Schuld und sagt:
»Hey, wieso fragt mich eigentlich keiner?«
Und wir fragen die Schuld:
»Liebe Schuld, wer ist schuld?«
Und sie sagt: »Ja, ich bin's...«

Und alle jubeln!
Uuueh: Ooobama
Uuueh: Stuttgart 21
Uuueh: Piratenpartei
Uuueh: Pandamaske
Doch es hat sich nichts verändert, außer dass wir »Uuueh«
    gesagt haben
Aber der Schweizer sagt: »Ja, neee, dazu hab ich keine
    Meinungmmmmhhhkäse«

Und wo heute dieser Schweizhass ist, das ist deine Frage?
Nun ja, mit zwanzig bekam ich meine erste Gage

VERGISS DIE WUT NICHT

Wo ist dein Hass gegen Fremdbestimmung?
»Wird von meiner Agentur geregelt«
Wo ist dein Hass gegen Autoritäten?
»Ich kann mich doch nicht selber hassen«

Wo ist denn dein Hass gegen Drogenkonsum?
»Sniff«

VERGISS DIE WUT NICHT
VERGISS DIE WUT NICHT

Wie soll ich mich noch über irgendwas aufregen
Man findet doch für alles noch gute Ausreden
Aber ein kleines nein, das tut es auch
Man muss nich'ma schrein, denn da is' Wut im Bauch

Und zack wird man älter und dann erkennt man
Ich leb' hier im Erste-Welt-Land, wo die Eltern auch Geld ham
Und von all den Ländern wird meins wohl nie kentern
Dank Rentnern und Enkeln im Geldwahn
Ja, und schon denkt man an die, die kein Cent ham
Und ist dann für den Klempner und gegen die Banker
Und schon reden wir wie man nach dem Schulabschluss
Mit 'nem Mofa durch Argentinien touren muss
Uiiiii wir diskutierten über alles

Ein Staat kann nicht funktionieren ohne die Begutachtung der Willensunfreiheit, welche da existent ist bei genauerer Betrachtung. Schon Einstein sagte. Und Sartre. Und Steiner. Und Kant. Und die Fantastischen Vier.

Und alle kamen und hörten zu und gingen wieder weg
Und eigentlich hab ich den ganzen Shit ja bis heute nicht gecheckt
Und nach dem Denken kam das Machen!
Und da muss man sich Zeit lassen
Aber wir gaben alles

Wir schrieben 'n Brief – Entwurf, den ich auch verschicken
    hätte, können, sollen, dürfen
Aber die Post ist kapitalistisch angehaucht
Und daher ist der Brief nie…

Der Inhalt wäre gewesen:
Lieber Herr Hurensohn-Staat verdammt
Wir fuhren schon hart mit dem Vaterland

Früher schrie ich: »Du weißt, ich geb'n Shit auf erwachsen!«
Heute schiel' ich gereizt zu lauten Kids mit ihren Faxen
Was'n da passiert?
Da reimt sich alles aufeinander, außer heute und früher
Wir warn auch keine Leute, nee, wir warn Schüler

LAURIN BUSER, 22, *Heimatstadt?* Basel; *Alter in geschriebenen Slam-Texten?*
40; *Schönstes Erlebnis mit dem Kampf der Künste?* Die absolute Höchstpunktzahl
beim Bunker-Slam zu erreichen; *Was machst du, wenn du nicht auf einer Slam-
Bühne stehst?* Rap, Theater, Kleinkunst, kochen und rauchen.

TAKSIM TURNOVER

Sven Kamin

Dadap dadap dadap. Abwesend fallen meine Fingerspitzen auf die Tastatur. Dadap dadap dadap. So gern ich es wollte: Ich kann mich nicht konzentrieren. Mein Körper ist im Krieg. Ich habe jetzt zwei Nächte nicht geschlafen. Alles ist ruhig. Ganz ruhig, alles ruhig, doch durch meine Adern pulst noch immer der Krieg.

Dadap dadap dadap. Und dann ist er wieder da, dieser schwarze Tausenfüßler. Dieser riesengroße schwarze Tausendfüßler. Wunderbar glänzend schimmern seine Schuppen aus Plexiglas in der Sonne. Sein Rücken ist mit weißen Kugeln geschmückt – natürlich ist da nichts, da unten vor meinem Bürofenster. Aber ich kann ihn spüren. Dadap

dadap dadap. Wie beim ersten Mal, als er sich schwarz, schwer und behäbig durch die Häuserschluchten schleppte. Sein Schuppenkleid rasselte. Unter seinen tausend Tausendfüßlerschritten bebte der Boden. Bis er plötzlich still stand. Und dann fing es an. Dieses Geräusch. Pop pop popop. Tief aus seinem Innern. Pop pop popop. Und dann regnete es etwas weiter links vor unserem Hotelfenster weiße Cola-Dosen. Hinter dem dicken weißen Rauch, den sie verströmten, hielten sich die hektischen Gestalten, die wie Schatten im Dunst zu erkennen waren, Tücher vor's Gesicht. Einige warfen die Cola-Dosen zurück auf den Tausendfüßler und gleich noch ein paar Steine hinterher. Doch nun öffnete das Monster seinen Schlund und hunderte schwarz glänzende Käfer kamen über die Schattengestalten im Nebel wie eine schwarze Flut. Im Nu waren sie unter ihnen und ließen ihre Knüppel fliegen.

Acht Tage Türkei, Rundreise, chillen. Und nachher noch drei Tage Istanbul. Das war der Plan und bis hierhin hatte auch alles bestens funktioniert. Bis hierhin. Schon auf dem Weg zum Hotel sahen wir das menschenleere Durcheinander auf dem Platz und die zerrissenen Transparente. Was da drauf stand? Keine Ahnung. Türkisch kann ich nicht.

Sie hatten einen kleinen Park geräumt. Wo Tee getrunken und Gitarre gespielt wurde, sollte ein Einkaufszentrum aus dem Boden wachsen. Das hatten sie uns gesagt.

Wir lagen auf unseren Betten, als ein vielstimmiges Murmeln von draußen in unser Zimmer drang. Ja, sie waren gegangen. Aber vertreiben lassen hatten sie sich offenbar nicht. Aus allen Ecken der Stadt, das konnten wir nun aus unserem Fenster sehen, kamen sie. Hunderte. Tausende. Alte und junge, Arbeiter und Lehrer, Fußballfans, Krankenschwestern und Studenten. Einige trugen neue Transparente. Viele waren fröhlich. Einige ausgelassen. Ein Fest, so schien es. Und

Taksim platzte vor Menschen, der Taksim-Platz voll Menschen. Bis – ja, bis sich von der einen Seite des Platzes der Tausenfüßler heranwälzte. Schwarz, stachelig. Kurz inne hielt, um noch einen letzten Zug frischer Luft einzusaugen. So tief einzusaugen, dass es die Härchen auf den nackten Unterarmen der Menschen auf dem Platz flirren ließ. So tief einzusaugen, bis er fast platzte. Um dann mit einem Fauchen kkkkchHHAAAAAAAA eine Hölle hereinbrechen zu lassen. Vor unserem Fenster. Direkt vor unseren Augen. Chillen am Bosporus, das war der Plan und nun drang ein schwarzer Tausendfüßler mit Wasser, Gas und Schlägen auf Menschen ein, die sich vor unserem Hotel versammelt hatten.

»Bleibt im Zimmer und haltet die Fenster geschlossen – wegen des Gases«, rief uns der Mann zu, der uns vorhin die Schlüssel gegeben hatte und nun in unserem Zimmer stand. »Bleibt hier. Ich muss raus – helfen.«

Welch unterschiedliche Dinge ›helfen‹ umfassen kann, sahen wir beim nächsten Blick aus dem Fenster: Während junge Männer in Jeans und weißen Kitteln – es mögen Medizinstudenten gewesen sein – sich kundig um die Verletzten kümmerten, liefen einige Kellner der Cafés noch mit der Schürze um den Bauch in die Bars und holten leere Glasflaschen, die sie den schwarzen Käfern entgegenschleuderten.

Das Telefon klingelt: »Nein, die Mail ist noch nicht raus. Aber gleich!« Ich lege auf und fange an zu tippen. Doch meine Gedanken sind nicht hier. Ich sehe mir von außen zu, wie ich tippe: Dadap dadap dadap.

Erst Stunden später hatte sich die Lage beruhigt und wir wagten uns kurz auf die Straße, um etwas zu essen zu besorgen. Zu früh, wie sich herausstellte: Wir bogen um eine Ecke und wurden hineingesogen in den Mahlstrom der Menschen, die ihre Häuser verlassen hatten und irgendeinem Ziel entgegenstrebten, das nur sie zu kennen schienen.

»Taksim wird euer Grab!« riefen sie. Immer wieder. Wir wurden aufgesogen, herumgewirbelt und mitgerissen von dieser unaufhaltsamen Flut, die vorwärts drang, immer vorwärts und uns wie Sedimente davontrug. Dort. Am Rand brannte in einer kleinen Bar ein Licht. Wie Schiffbrüchige zogen wir uns mit letzter Kraft aus den Fluten und warfen uns in den Raum, in dem schon einige andere Gestrandete Zuflucht gesucht hatten. Irgendwann stoppte der Menschenstrom vor der Tür und hielt inne. Die Sprechchöre schwollen an. Immer lauter. Bis wir entfernt wieder dieses Geräusch hörten. Dieses Pop pop popop. Und dann regnete es. Es regnete weiße Coladosen und sie gossen weiße dichte Wolken über den Asphalt. Schon bald kroch das Gas unter der Tür hindurch und wir flüchteten mit schmerzenden Augen und Brennen auf der Haut einige Etagen höher. Wir warteten. Immer wieder gesellten sich neue Menschen zu uns. Andere gingen und gingen im Gewimmel der Straßen auf. Und wie das Gas waberten Gerüchte immer weiter das Treppenhaus hinauf: Tote solle es geben, die rote Farbe im Wasser der Wasserwerfer sei Reizmittel, und die Gasmasken, die plötzlich so viele Demonstranten trugen, seien von der Armee ausgegeben worden.

Immer höher flohen wir, bis wir auf der Dachterrasse ankamen. Von irgendwem bekamen wir Milch und Zitronensaft.

»Reibt euch das Gesicht damit ein, dann brennt es nicht so.«

Auch Tigerbalm und Talcidtabletten wurden verteilt. Und während sich auf der Straße unter uns Demonstranten hinter eilig aufgetürmten Barrikaden verschanzten und auf die Gasgranaten und Wasserwerfer mit Pflastersteinen antworteten, saßen wir auf dem Dach und hielten uns mit der Hand Tücher vor die Nase.

Und dann sahen wir es: In der Lobby eines Hotels war hektisch ein kleines Behelfslazarett für Demonstranten eingerichtet worden, in dem Verletzte versorgt wurden.

Die Polizei rückte vor und schoss Gasgranaten in diese Lobby. Ganz gezielt. Ganz gezielt schossen sie Tränengas auf Verletzte.

Mitten in Europa wird ein Lazarett mit Tränengas beschossen.

Und die Welt schaut zu. Oder besser: Nein, tut sie nicht.

Während die türkischen Medien tagelang über Pinguine oder gleich gar nichts berichteten, war dieses Schlachten den so genannten kritischen westlichen Medien nur ein paar Randnotizen wert: »Hunderte Demonstranten auf dem Taksim-Platz«, hieß es. Hunderte? Das waren Tausende und ich konnte sie sehen. Hier vor mir standen sie und reckten ihre Fäuste empor, wanden sich unter den Tritten der Polizeistiefel oder schleuderten die Gasgranaten in die schwarzen Reihen zurück. Nur auf Facebook und Twitter schossen Aufrufe und Bilder durch das Netz. Oder auch nicht. Ich teilte eine Bilderstrecke von den Kämpfen. Keiner meiner Freunde, das erfuhr ich später, würde sie sehen können. Spannend, wie das so läuft auf Facebook.

Und mitten in Europa wird ein Lazarett mit Tränengas beschossen.

Und spannend ist auch, wie schnell man selbst in dieser Welt von State-of-the-Art-Produkten der deutschen Rüstungsindustrie durch irgendwelche Straßen getrieben werden kann. Und spannend zu überlegen, dass jetzt die Panzer auffahren könnten, die gerade hinter verschlossenen Türen an Saudi-Arabien versprochen wurden und dem Nato-Partner Türkei schon längst geräuschlos geliefert worden sein könnten.

Und mitten in Europa wird ein Lazarett mit Tränengas beschossen.

Und eine Spezialeinheit trat die Tür von Menschen ein, die getwittert hatten, dass vor ihrem Fenster Demonstranten von Polizisten zusammengetreten wurden.

Und mitten in Europa wird ein Lazarett mit Tränengas beschossen.

Um den Frühling aufzuhalten, der sich über die Bosporusbrücke in das Herz Europas frisst. Weil auch hier viele die Schnauze voll haben davon, wie borniert Regierungen unsere Zukunft verschwenden und die nun vorwärts drängen, wie ein Strom, dessen Lauf begradigt wurde, um noch besser zu funktionieren, um noch schneller in die vorgegebene Richtung zu laufen. Aber der Druck auf die Sperrmauern und Wehre steigt und steigt und steigt.

Und mitten in Europa wird ein Lazarett mit Tränengas beschossen.

Bis alles ruhig ist. Ruhig ist. Und sicher.
Erst spät in der Nacht war es ruhig genug, dass wir uns wie Diebe in der Nacht ins Hotel schlichen und uns dann zum Flughafen durchschlagen konnten.

Und jetzt sitze ich hier. Hier im Büro. Und alles ist ruhig. Und sicher. Sicher und ruhig. Nur ich nicht. Ich bin nicht ruhig. Der Krieg verlässt meinen Körper nicht. Nicht so schnell. Und bis dahin bin ich im Krieg. Dap dap dadadap. Ich muss warten. Warten auf den Frühling.

SVEN KAMIN, 34, *Heimatstadt?* Bremen; *Alter in geschriebenen Slam-Texten?* Weit über 60; *Was machst du, wenn du nicht auf einer Slam-Bühne stehst?* Ich bin Journalist und Sänger, reise mit meinem Kinderbuch-Piraten Käpt'n Kill'efiz durch Grundschulen, gebe Slam-Workshops und breche an allen erdenklichen Orten alle verfügbaren Lanzen für die Bühnenliteratur, die wir Poetry Slam nennen.

ICH — DER VERGESSLICHSTE TYP, AN DEN ICH MICH ERINNERN KANN

Sulaiman Masomi

D a sitze ich nun in gemütlicher Runde in der Selbsthilfegruppe gegen die Vergesslichkeit. Warum ich eigentlich hier bin, weiß ich nicht mehr so genau. Ich kann mich jedenfalls nicht daran erinnern, dass ich mich hier angemeldet, geschweige denn Probleme mit meinem Gedächtnis hätte.

Der Typ, der mich hierhin gefahren hat, war ganz lustig, denn er machte so Späße wie, er würde mich jede Woche hierhin fahren und, dass er mein Vater sei. Ich lachte über seinen Witz, doch er spielte seine Rolle so gut, dass die ganze Fahrt über todtraurig guckte, nachdem ich ihn ausgelacht hatte.

Wir sind insgesamt zwölf an der Zahl und alle ein wenig aufgeregt, da es die erste Sitzung ist. Ein älterer Herr mit Brille beginnt uns anzusprechen:

»Willkommen zur achten Sitzung der Selbsthilfegruppe gegen die Vergesslichkeit. Vorweg die Frage: Weiß jemand von euch noch meinen Namen?«

Elf fragende Augen schauen den älteren Herren an.

»Wie sollen wir denn wissen, wie Sie heißen? Dies ist doch gerade die erste Sitzung und Sie haben sich noch gar nicht vorgestellt!« schreie ich hinein.

»Nein, das ist die achte Sitzung, aber ich will euch meinen Namen nochmals nennen. Ich bin der Herr Degenkolben. Haben Sie denn irgendwelche Fortschritte gemacht, Herr Masomi?« Der ältere Herr guckt mich bei der Frage an.

Ich schaue auf meinem Personalausweis nach und merke, dass ›Sulaiman Masomi‹ stimmt und er mich meint. Irgendwie hat er meinen Namen rausgekriegt... Der Typ wird mir langsam suspekt. Ich frage ihn, ob er sich vielleicht nicht erstmal vorstellen wolle, bevor wir zu solch pikanten Fragen übergehen, doch der ältere Herr lügt mich dreist an und meint, dies habe er gerade schon getan.

»Das hätte ich ja wohl mitbekommen!« sage ich, aber da ich keine Lust habe, mich mit ihm zu streiten, antworte ich: »Ja, ich habe große Fortschritte gemacht, denn ich kann mich nicht entsinnen, wann ich das letzte Mal Alkohol angerührt habe.«

Auf einmal meldet sich ein älterer Herr zu Wort und erklärt, dies sei keine Selbsthilfegruppe für Alkoholiker, sondern für vergessliche Menschen. Doch ich schneide ihm das Wort wieder ab und fordere die Seminarleiterin auf fortzufahren. Die Seminarleiterin guckt mich erst erstaunt an, nickt mir verständnisvoll zu und ermahnt einen älteren Herren, still zu sein, welcher mit den Armen fuchtelt und »Stopp, Stopp!« ruft.

Ein Junge mit einer Baseballcap ruft hinein:

»Ich kann mich wegen dem Alkohol an die letzten fünf Jahre nicht erinnern und da wollen Sie mir erzählen, ich wäre hier nicht bei den Anonymen Alkoholikern?«

Die Seminarleiterin gibt ihm Recht und beginnt davon zu erzählen, wie glücklich sie hier sei, als auf einmal aus heiterem Himmel ein älterer Herr dazwischenredet und rumzetert, dass wir uns beruhigen sollten. Ich entgegne ihm, dass er der Einzige sei, der hier in die Luft gehe, und dass er sich unnötig aufspiele, da er gerade erst dazugekommen sei und gar nicht wisse, worüber wir reden. Außerdem sage ich, fände ich es sowieso ein wenig seltsam, wie das Bewerbungsgespräch in dieser Firma ablaufe, und ich wäre mir nicht sicher, ob dieser Job was für mich sei, da ich gar nicht mal wisse, worum es dabei überhaupt gehe. Auf einmal stimmen mir alle zu und sagen, sie hätten gar nicht gewusst, dass dies ein Bewerbungsgespräch sei und dass sich die Stimmung eher wie bei einer Selbsthilfegruppe anfühle.

Ein älterer Herr, den ich zuvor noch nie gesehen habe, steht plötzlich auf und versucht sich krampfhaft in den Vordergrund zu drängen. Er rudert mit den Armen wild umher und meint, es würde gerade etwas gewaltig schief laufen. Was er damit meint, begreift keiner.

Auf einmal knallt es laut und ein älterer Herr, der plötzlich in unserer Mitte steht, fasst sich an die blutende Brust und fällt zu Boden.

»Weiß jemand, wem das hier gehört?« fragt uns ein Junge mit einer Baseballcap und zeigt auf eine rauchende Pistole in seiner Hand. Wir schütteln alle den Kopf. Er geht wieder zu seinem Platz und wir sitzen alle eine Weile still herum.

Irgendwann entdecke ich einen älteren Herren, der in unserer Mitte liegt... Anscheinend hat ihn jemand erschossen! Ich bekomme es mit der Angst zu tun. Wie bin ich bloß in diese Sekte hineingeraten? Ich versuche krampfhaft, nicht aufzufallen und starre den Boden an.

Nach einer Weile blicke ich hoch... Da sind zehn weitere Menschen, die mit mir im Kreis sitzen und in der Mitte liegt ein toter älterer Herr. Anscheinend hat ihn irgendjemand erschossen! Ich erschrecke, ich bin wohl irgendwie in eine Sekte hineingeraten! Ich starre auf den Boden. Ein Mädchen neben mir nimmt meine Hand, in ihren Haaren steckt ein Vergissmeinnicht. Sie flüstert mir ins Ohr:

»Habe ich dir nicht letzte Woche einen geblasen?«

Sie sieht sehr gut aus und ich sage: »Jo!«

Wow, diese Sekte scheint doch gar nicht so übel zu sein. Ich küsse sie, sie bläst mir einen und wir verlassen verliebt und händchenhaltend den Raum.

Auf einmal stehe ich irgendwo auf einem Gehweg vor einem Gebäude und halte Händchen mit einem hübschen Mädchen. Ein Typ spricht mich an:

»Hey, Sulaiman, du bist ja pünktlich wieder da. Ist sie deine Freundin?« fragt er und zeigt auf ein hübsches Mädchen, mit dem ich komischerweise Händchen halte.

Ich antworte: »Jo! Glaub' schon... Darf ich sie dir vorstellen... Ähm, wie heißt du noch mal?«

Sie holt ihren Personalausweis raus, guckt nach und sagt: »Marie.«

Ich fahre fort: »Alles klar, also, darf ich dir vorstellen, meine Freundin Marie, und Marie, darf ich dir vorstellen...«, ich stocke wieder und schaue den Mann gegenüber an, ich zögere noch kurz und auf einmal sage ich: »Marie, darf ich dir vorstellen, mein Vater.«

Mein Vater schaut mich erstaunt an, umarmt mich lachend, wir steigen alle drei gemeinsam in den Wagen, fahren fort und so beginnt die schönste Zeit meines Lebens... Zumindest die Zeit, an die ich mich erinnern kann.

SULAIMAN MASOMI, 34, *Heimatstadt?* Kabul, Krefeld, Paderborn; *Alter in geschriebenen Slam-Texten?* Ähm, ist das irgendwie metaphorisch gemeint?; *Hintergrund zu diesem Text?* Habe ich vergessen.

UND ALLES NUR WEGEN
VICTORY-MICHA

André Herrmann
Illustration – Alexei Rothkirch

E s war Donnerstag. Ich lag in meinem Bett, während meine Mutter zeremoniell wieder und wieder mit dem Staubsauger gegen meine Zimmertür fuhr, um mir ihren Todeswunsch zu signalisieren.

Seit Jahren führten wir diesen Krieg. An jedem freien Tag rammte die kleine Frau ihren kiloschweren Staubsauger gegen meine Tür, nur um mich zum Frühstück zu animieren und mir sofort nach dem Aufstehen Phrasen wie »Na sowas, wir sind ja heute schon so früh auf?« entgegen zu schleudern.

Ich hasste Frühstück. Frühstück war für mich seit jeher das G-Star-RAW unter den Mahlzeiten, das in puncto Grässlichkeit nur noch von Brunch übertroffen werden konnte. Ich lag also in meinem Bett und plante wieder einmal das perfekte Verbrechen, als sich plötzlich ein zweites Hämmern zu dem des Staubsaugers gesellte. Missmutig tappte ich zum Fenster. Mit einem Ruck riss ich die Jalousie nach oben. Vor meinem Fenster wedelte ein stark behaarter Arm, an dessen Handgelenk ein Goldkettchen lustig auf und ab sprang. Was war geschehen? Hatten die Zombies über Nacht die Welt übernommen und wedelten jetzt mit dem Arm eines Truckfahrers vor meinem Fenster herum?

Ich öffnete das Fenster und sah nach draußen.

»Alder! André! Du pennst wohl immer noch? Willst du denn gar nicht frühstücken?!« rief eine Stimme.

Mein Kumpel Maik, wer sonst. Der wahrscheinlich Einzige, der noch heute Magnums Style nachahmte.

»Jaja«, sagte ich. »Was soll der Blödsinn? Gibt es in deinem Jahrhundert keine Klingeln?«

»Ich wollt' doch deine Eltern nich' offwecken!« flüsterte Maik.

»Es ist 11.30 Uhr, meine Eltern sind seit Ewigkeiten wach!«

»Ey!« unterbrach mich Maik, »wir müssen los!«

»Ich hab' dir tausendmal gesagt, ich brenn' nicht mit dir durch!« rief ich.

»Tnaller!« bläkte Maik und hielt mir einen Prospekt entgegen, »Es gibt wieder Tnaller!«

Ach richtig, Knaller. Wobei man stets darauf zu achten hatte, das K als TN zu sprechen. Tnaller!

»Nee«, vergiss es, »ich kauf keine Knaller mehr, du weißt doch!«

»Die hamm sich neu formiert! Der Victory-Micha ist zurück!«

Die, das waren die Jugendlichen aus einem der umliegenden Dörfer. Früher hatten wir uns wahre Schlachten mit ihnen geliefert. So lange, bis sich der Anführer der Dorfjugend beim Bombenbauen Daumen, Ringfinger und kleinen Finger weggesprengt und sich damit auf ewig den Spitznamen ›Victory-Micha‹ gesichert hatte.

»Nee«, sagte ich nochmal.

»Alder! Du musst! Silvester ohne Tnaller, das, das, das is' wie Victory-Micha mit zehn Fingern, das is' wie Melissa und Verhütung, das geht einfach nich', Alder!« gestikulierte Maik.

Ich seufzte.

»Außerdem verkoofen die mir keene Tnaller mehr, ich war heute schon dreimal da.«

Eine Dusche und mehrere angsterfüllte Minuten auf Maiks Beifahrersitz später, standen wir vor der Kaufhalle. Der Ansturm war atemberaubend. Hunderte Menschen drängten sich vor dem Supermarkt. Krass, dachte ich, als ich die ganzen hässlichen Daunenjacken, die Stiefel und Mützen beäugte. Krass, wie fließend sich der modische Übergang von Wintersportler zu Hofnarr vollzieht. Wie viele hatten heute Morgen wohl gedacht »Ach, zur Hölle mit sozialer Anerkennung, ich find' die Hörner auf meiner Mütze richtig schön!«

Maik spurtete sofort los in Richtung Knaller. Ich tappte vorbei an den Gemüseauslagen in Richtung meiner heimlichen Leidenschaft, den Hygieneartikeln, und schaute mir das muntere Treiben an. Ohnehin konnte man nahezu überall Maiks schallenden Bass hören.

»Ja, was kann ich für Sie tun?«

»Lassen Se mich ma' überlegen: Ich hätt' gern alle Tnaller.«

Wahllos knippste ich eine elektrische Zahnbürste nach der anderen an und wieder aus. Anfangs nervten mich noch die Verkäufer, die alle 20 Sekunden neben mir auftauchten und fragten, ob sie mir irgendwie behilflich sein könnten. Aber seit ich einfach leise »töten, hihi, töten, töten, hihihi!« vor mich her murmelte, ließen sie mich glücklicherweise in Ruhe.

Plötzlich erklangen Polizeisirenen. Ich zuckte zusammen und ging in Deckung. War es jetzt tatsächlich soweit? Hatten Sie es wirklich herausgefunden? Hatte die Polizei nach fünfzehn Jahren doch noch herausbekommen, dass ich es gewesen war, der in der zweiten Klasse diesen riesigen Penis an die Tafel gemalt hatte?

Vorsichtig schielte ich zwischen den Deos hindurch. Mehrere Polizisten stürmten auf mich zu. Reflexartig riss ich die Arme nach oben, doch die Uniformierten rannten einfach an mir vorbei.

»Neee! Ich zeige Ihnen nicht, was ich inner Tasche hab!« schrie jemand von den Kassen her.

Achje, dachte ich, da hat wohl wieder irgendeine arme Seele versucht, ein paar Dosen Pennerglück mitgehen zu lassen.

»Ganz ruhig, junger Mann!« versuchte einer der Polizisten zu deeskalieren.

»Na, Hauptsache er lässt die Finger von meinen Tnallern!« rief Maik dazwischen.

Langsam drehte ich mich um und schaute in Richtung Kasse. Doch der Typ, den ich dort erblickte, war keiner der stadtbekannten 5%-Gang. Auch Maik schien bemerkt zu haben, welche Lokalberühmtheit dort an der Kasse stand.

»Alder, Alder, Alder!« beschrieb er die Situation äußerst treffend.

Und ja! Umzingelt von mehreren Polizisten, die Hand zum Schutze von sich gestreckt, dabei mit nur zwei Fingern ein unwillkürliches Peace-Zeichen formend, stand dort Victory-Micha.

»Ey komm Meikel, lass ma' fünfe grade sein, oder zweeje, je nachdem«, plärrte Maik und selbst die Polizisten mussten lachen.

»Lasst mich in Ruhe!« schrie Victory-Micha.

»Jetzt bleiben Se mal janz ruhig!« rief ein Polizist.

Mit einem Mal griff Victory-Micha in die Süßigkeitenablage an der Kasse, riss eine Mentos-Stange heraus und richtete sie unvermittelt auf das Cola-Light-Regal: »Wenn ihr mich fertig machen wollt, spreng' ich hier alles in die Luft! Alles!«

Alle hielten den Atem an.

»Dass du mir ja meine Tnaller in Ruhe lässt, Freundchen!« rief Maik.

Fassungslos schaute ich an mir herunter. Was sollte ich tun? Den Helden spielen und Micha überwältigen? In meiner linken Hand hielt ich eine Packung Ohrenstäbchen, in der rechten eine dieser krassen Elektrozahnbürsten. Damit hätte selbst McGyver nicht viel anfangen können.

»Psst!« kam es von der Seite. »Psst!«

Ich schaute mich um.

»Alder! Hier gibt's Hornhautschäler!« hörte ich Maik ein paar Regale weiter rufen.

Was würde geschehen, wenn Victory-Micha hier alles sprengen würde?

»Ich mach' Ernst!« schrie Victory-Micha.

»Ey, hobeln die sich damit die Hacken ab, oder was? Was geht'n?«, lachte Maik, aber ich hörte gar nicht mehr zu. Denn in meinen Gedanken war ich längst zum Held des Tages avanciert, war aufgesprungen, hatte den eisenharten Wasserstrahl eines Oral-B-Professional-Care-Mundpflege-Centers auf Victory-Micha gerichtet, der sogleich zu Boden ging, so dass ich mit einer Oral-B Triumph 5000 Premium nachsetzte und begann, seinen Kopf so hart zu bürsten, dass der Druckanzeige-Smiley auf dem Zusatz-Display zu schreien schien.

Mit einem Mal brach ein ohrenbetäubender Lärm los. Mehrmals hintereinander krachte es laut und binnen Sekunden war der Kassenbereich in Rauch gehüllt.

Sofort stürmten einige Vermummte auf Victory-Micha zu und rissen ihn zu Boden, blockierten mit Schraubstockgriff seine Mentos-Hand und sicherten so unser aller Leben. Krass, dachte ich, als ich sah, wie sie den verrußten Victory-Micha abführten, der uns mit grimmigem Gesicht zum Abschied das Friedenszeichen zeigte.

Fünf Minuten später war der Spuk vorüber.

Wir sammelten unser Zeug zusammen und gingen zur Kasse. Das Warten fühlte sich ewig an. Vor uns ein Kind, dass die ganze Zeit nach Schokobons bettelte, aber bei seiner Mutter auf Granit biss. Mit traurigen Augen schaute mich der Kleine an, dann griff ich ins Regal und packte mir, ohne eine Miene zu verziehen, acht Packungen Schokobons aufs Band.

»YOLO!« sagte ich und ging.

ANDRÉ HERRMANN, 27, *Heimatstadt?* Leipzig; *Alter in geschriebenen Slam-Texten?* Um die 100; *Bisherige Veröffentlichungen?* Team Totale Zerstörung – Wir sind dann mal whack!; *Schönstes Erlebnis mit dem Kampf der Künste?* Standing Ovations beim Team-Finale in der O2-World 2011.

STADTMENSCHEN

Mona Harry

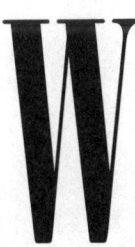

Welt steht Kopf
Gespiegelt auf regennassen Straßen
Aber es regnet nicht mehr
Und unter blauem Himmel
Auf grünen Wiesen
Im dichten Gewimmel
Umstellt von riesenhaften Gebäuden

Sind wir Stadtmenschen im kollektiven Fremdsein
Kennen wir zwar unsere Nachbarn nicht persönlich
Aber sehen ihre Körper nackt durch Fensterscheiben
Wir treiben fremd im gleichen Takt im selben Inbewegungbleiben
»Ruhelos, denn es sind den Menschen nur wenige Tage
    beschieden«, sagte Homer
Homer Simpson hingegen sagte: »Aspirin gab's dort zwar
    keine mehr
Aber ich hab dir Zigaretten mitgebracht«
»Die Menschen, nicht die Häuser machen die Stadt«
Sagte Perikles und du sagst
Dich stören die Menschenmengen, aber ein Leben auf dem
    Land, das sei nichts für dich
Dorfleben sei dir zu eng, du brauchst einen Ort, der dir alle
    Möglichkeiten verspricht
Und so ziehen wir in Städte und dort fortan unsere Bahnen
Laufen im täglich trägen Trott auf asphaltierten Trampelpfaden

So stolper' ich durch Straßen
Und meine Beine stolpern über Hunde in Hamstergröße
Angeleint an Glitzergoldketten
Stolpern über diese Fußhupen
Die doch sogar vor Kaninchen Angst hätten
Mit ihren kleinen hervorquellenden Augen
Und den kleinen hysterisch bellenden Frauen
Die der Welt sagen
Dass sie Geld haben
Indem ihre Hunde grellfarbene
Armani-Mäntelchen mit Pelzkragen
Über'm Fell tragen
Die meist am anderen Ende der Leine keifen

Ich laufe weiter
Laufen heißt in Bewegung bleiben
In der Flut mit der Menge der Menschen treiben
Wir sind Stadtmenschen, die bis an die Stadtgrenzen schwappen
Wir kennen unsere Nachbarn nicht persönlich
Aber wissen es, wenn die van der Vaarts Affären hatten
So laufe ich durch Straßenzüge aus Einbahnstraßen
Treibe in der menschlichen Menge
Entflieh' zwar der Masse und lauf' dir direkt in die Fänge
Du trägst pastellfarbene Röhrenjeans
Und im wahrsten Sinne des Wortes ein Brett vorm Kopf
Ein Klemmbrett, um genau zu sein
Du sagst: »Nur eine Sekunde für die gute Sache, für die Umwelt!«
Sagst, du seist jetzt Weltretter und Veganer seist du auch
Und das sogar schon seit zwei Wochen

Du sagst: »Experten sagen, wir produzieren so viel Müll
Dass auf den Weltmeeren riesige Müllinseln schwimmen«
»Jeder Deutsche produziert im Jahr eine halbe Tonne Müll«,
    sagt Wikipedia
Und du sagst, Experten hätten das bestätigt
Wikipedia sagt: »Experten sind Menschen mit überdurch-
    schnittlich umfangreichem Wissen«
Experten sagen: »Man soll nicht alles glauben, was Wikipedia sagt!«

Wir kennen uns nicht
Aber laufen vorbei an denselben Werbeflächen
Synchrones Jagen nach mehr Lebensgefühl und Produkte, die
    Bedürfnisse wecken
Wir lauschen dem Rauschen im Verkehrsfluss
Laufen in Schlaufen fast schon voll Überdruss

Kaufen und tauschen wir berauschende Haufen von Überfluss
Du sagst: »Experten sagen, die Ressourcen sind begrenzt und
    gehen zur Neige
Trotzdem verschwenden wir sie, produzieren kurzlebige Produkte
    und mehr, als wir eigentlich brauchen«
Industrie sagt: »Wir müssen mehr produzieren! Wir müssen
    wachsen, wachsen, wachsen!«
Kaltwachsstreifen sagen: »Wir müssen wachsen, wachsen!«
Werbung sagt: »Kauf dir Glücksgefühle im Wühltischgewühle
Und die Anschaffung eines Zweitdildos
Lohnt sich meistens schon nach der ersten Anwendung«
Experten sagen: »Jedes Jahr werden allein in Deutschland
    30 Milliarden Euro für Werbung ausgegeben«
Werbung sagt: »Experten haben jetzt die Formel gegen die
    fünf Zeichen müder Männerhaut entwickelt«
Müde Männerhaut sagt: »Na endlich!«

Vorbei an übermenschlich großen Werbeflächen
Laufe ich stetig durch städtische Straßen
Laufe Slalom um dich, um Klemmbretttrittbrettfahrer
Laufe Slalom um rempelnde Rentner, die sich trotz Ressourcen-
    knappheit und demografischem Wandel einfach nicht mit der
    Idee vom sozialverträglichen Frühableben begnügen wollen
    und einfach trotzig weiterleben
Ich laufe weiter

Laufen heißt in Bewegung bleiben
In der Menge mit der Flut der Menschen treiben
Wir sind Stadtmenschen
Kennen zwar unsere Nachbarn nicht persönlich
Aber ihr Sexleben

Dank der höllisch hellhörigen Häuser, sagst du
Sie sagte etwas von langen Nächten und kurzen Gläsern, sagst du
Descarte sagte: »Ich denke, also bin ich«
Sie sagte: »Denk nicht, sondern nimm mich«
Und er nahm sie mit in fremde Betten

Er sagte:
»Ich will mich nicht zudecken«
Denn, um dich zu decken
Will er sich nicht verstecken
Und die Sicht verdecken
»Denn da und da und da ist die Kamera«
Sagte er und sie sagte nichts mehr
Aber wunderte sich am nächsten Tag
Wie gestochen scharf man ihr Gesicht auf Youporn sah
Und wie wenig scharf und wenig bestechend der Stecher nun
    nüchtern erschien
Sagst du

Wir sind die Stadtmenschen
Die sich im kollektiven Fremdsein Synchronität vorschreiben
Kennen zwar unsere Nachbarn nicht persönlich
Aber auf Youporn sehen wir, wie sie es treiben

Wir sind Stadtmenschen in stetig städtischer Bewegung
Zieht Welt vorbei wie an autogläsernen Fensterscheiben
Stete Fluchtpunktfluktuation, stetes Inbewegungbleiben
Wir kennen uns nicht, aber folgen demselben Takt
Wir rennen dicht an dicht, gefesselt vom selben Pakt
Sind Menschen, Weltbevölkerer, sind ein Teil der Stadt
Im dichten Gewimmel

Wo wir auf grünen Wiesen saßen
War zwar der Himmel wieder blau
Doch Welt stand stetig weiter Kopf
Gespiegelt auf regennassen Straßen

MONA HARRY, 22, *Heimatstadt?* Hamburg; *Alter in geschriebenen Slam-Texten?* 18; *Hamburg...?* Groß, laut, schrullig, bemüht alternativ, dabei jedoch viel zu teuer und abgehoben, trotzdem irgendwie liebenswert und schön, Elbe, Hafen, Kneipen, Heimat und Zuhause.

WI WÜLLT ÄPPEL KLAUEN

Bleu Broode

>*»An de Eck steiht 'n Jung mit 'n Tüdelband*
in de anner Hand 'n Bodderbrod mit Kees
Wenn he blots nich mit de Been in dat Tüdel kummt
Un dor liggt he ook al lang op de Nees
un he rasselt mit 'n Dassel gegn Kantsteen
un he bitt sick ganz geheurig op de Tung
as he opsteiht, seggt he: Hett nich weh doon
Ischa 'n Klacks för 'n Hamborger Jung«

D a ist der Mythos, der Mensch benutze aktiv nur 20% seiner tatsächlichen Hirnkapazität. Viele vermutlich weniger. Aber dahinter, in den schmutzdurchweichten Weitwinkelverliesen unseres Kleinhirns, an den fehlgeschalteten Ampelkreuzun-

gen unserer Synapsen, zwischen den drogendurchzogenen Interneu-
ronen der Datenautobahn ›Mensch‹ – da lustwandeln in der Manege
eines Großraumzirkusses, balancierend auf buntfarbigen Bällen, kleine
lustige Äffchen. Sie machen Quatsch und Rückwärtssaltos und Karl,
der alte Strolch, packt sich mal wieder auf die Fresse.

»Vernünftige Leute,« sagte Mutter stets, »vernünftige Leute, die ma-
chen sowas nicht.« Wenn ich mal wieder mit dem Finger in der Nase
aus dem Fenster guckte und meine Popel aß. »Vernünftige Leute, die
gehen zur Schule und dann werden sie Arzt oder Lehrer oder Oberstu-
dienrat. Reiß dich zusammen, sei nicht dumm und strebe stets nach
dem Höchsten. Sonst gibt's auf die Fresse.«

Meine Mutter sagte dies und andere Mutterdinge und mein Groß-
vater pflegte dann immer zu sagen:

»Mien Jung, du kannst ruhig dumm sein. Du musst dir bloß zu
helfen wissen. Und wenn du nix Großes im Leben zu fassen kriegst,
dann freu dich am Kleinen.

Lass deine Comics Kunstgalerien sein! Sieh, wie wundervoll, die-
ser Walt Disney die Farben einsetzt, wie er roylichtensteinesk Worte in
seinen Bildern arrangiert! Mach dein Wurstbrot zu einem Festmahl!
Lass deinen Bankautomaten einen Spielautomaten sein, mit hundert-
prozentiger Gewinnchance.

> Glas kann wie Diamanten scheinen
> Schleift man in richtigen Winkeln
> Gold sind viele Flüssigkeiten
> Manchmal sogar, wenn wir pinkeln
> Manch einer macht Stroh zu Gold
> Und mancher wird nur Scheiße hächseln
> Du sollst der Dinge Wert an sich
> Niemals mit dem Preis verwechseln

Und solltest du einmal auf die Nase fallen, dann steh auf! Steh auf,
fall wieder und find vielleicht 'n Pfennig up'm Boden. Das gibt kein
Fallen! Das gibt nur Fliegen – mit 'nem schmerzhaften Aufprall.

Leever arm dran as Arm af
Leever Levertran as Levertransplantation«

Und nun kann einer behaupten, mein Opa kann über's Leben erzäh-
len, was er will, er ist seit zwei Jahren tot, aber wenn ich eins von ihm
gelernt habe, dann ist das Fallen.

Ich fall' so gut wie niemand sonst
von Leitern
von Bäumen
von Schultern
von der Liebe
ich bin in meinem Leben so oft gefallen
ich kann das am Ende
ich tu' mir nicht mehr weh

Mein Opa ist am Ende auch gefallen, ins Krankenbett, Krebs, ein hal-
bes Jahr, dann war das vorbei. An seinem Grab hat mein Vater gefragt:
»Wo bist du Papa, was ist von dir geblieben, ich passe nicht gut in
deine Jacke, meine Arme sind einfach zu lang, was kann ich tun?«
     Und mein Großvater hat geantwortet, mit einer Stimme, die nie-
mand gehört hat:
     »Mien Jung, mi swant ni, wo ick bün
     Aver dat is ook al egal
     So lang du al levst mook di keen Kummer
     So lang du al levst, lev as du nie levt hest
     Lev good«

Grüne Linien auf dem Oszillator zeigen, ob unser Herz noch
vernünftig funktioniert
Und wenn wir rennen, dann fallen wir, und wenn wir fallen, dann
stehen wir auf
Und wenn wir aufstehen, sagen wir:
»Hett nicht weh doon
Ischa 'n Klacks för 'n Hamburger Jung«

BLEU BROODE, 24, *Heimatstadt?* Bremen-Nord; *Erste Begegnung mit dem Kampf der Künste?* Ein Poetry Slam in den Zeise-Kinos. Vorher habe ich In-glorious Bastards geschaut und nach meinem Auftritt wurde mir von meinem besten Freund gesagt, dass man meine Eier auf der Bühne nicht gespürt hätte. Da wären einfach keine Eier in der Stimme gewesen; *Wie viel von deinen Texten ist autobiographisch, wie viel fiktiv?* Meine gesamte Autobiographie ist fiktiv. Ich habe nicht mal eine Auto.

CINDYRELLA (HAMBURG-REMIX)

Frank Klötgen

B Billstedt kann the bill nich' zahln
Veddel bettelt ohne Wahl, denn
So war das immer und endet nie
Für die prekariable Peripherie
Dort, wo die Aschenputtel wohnen
Dort bimmeln tagtäglich die Jamba-Millionen
Doch sitzt es sich kläglich hier auf unsern Thronen
Denn wo ist hier so eine, wenn ihr wisst, was ich meine
Dann wisst ihr, ich meine so eine mit Haut
Weiß wie Schnee. Lippen
Rot wie Blut. Und Haare

Schwarz... wie eben die Eppendorfer iMac-Schnitten
Nie warn und nie werdn und sich trotzdem ausbitten
Ikonen des Geschmacks zu sein
Zeitgeistreich berufen – ich würd's nicht beschrein
Wie ihr euch eingebildet habt
Am Schaum der warmen Latten labt

Ihr seid gewiss die Schönsten hier
Aber die Flittchen hinter den Mümmelmannsbergen
Die versieben Karrieren, die für euch keine wären
Und Spieglein, oh Spieglein, was will uns das lehren?
Wir sind vielleicht die Schönsten hier
Aber die sind noch tausendmal schöner als wir

Denn deren Glanz glüht nur für eine Saison
Die hyperbrilliern und dann hat sich's auch schon
Weil ab da, da der Wandel zur Schwänin geschieht
Schon der erste Hauch Grazie dem Körper entflieht
Nichts kann ihres Anmutes Ausfaden stoppen
Und kein Aufschub lässt sich bei New Yorker ershoppen
Keine H&M-Erschwinglichkeit
Bewahrt ihn' die Vollkommenheit
Denn bald luken aus all ihrer Antlitz Ritzen
Die Zusatzstofffährten der Tiefkühlpizzen
Und vor Aldi-geadelten Burger-King-Schlössern
Schwingn satte Prinzesschen sich von ihren Rössern
Statt der Entgaloppierten komm' nun wir angetrabt
Unsre Zweite-Wahl-Wunden sind auch schick vernarbt
»Tja: Laptop, Top-Abi und Bio-Ernährung
Sind auf längere Ansicht die härtere Währung!«

Und sicher, wir sind die Schönsten hier
Aber die Flittchen hinter den Mümmelmannsbergen
Die versieben Karrieren, die für uns keine wären
Und Spieglein, oh Spieglein, was will uns das lehren?
Wir sind gewiss die Schönsten hier
Aber die sind noch tausendmal schöner als wir

Verweile Moment, derweil du so schön bist
Eh McKinsey die Reinheit der Blüte im Stil misst
Spann weit deine Flügel, umschwirr diese Wirrnis
Denn wenn schon zur Kirmes, dann bitte mit dir, Miss!
Von euch taugt und paukt sich hier keine zur Chefin
Ihr verschenkt euch an Justin und Mar- oder Kevin
Eingeschwängert von Jungs ohne wirklichen Namen
Gerbt euch derb in Solarien und fühlt euch wie Damen
Warum schreit hier kein Denkmalschützer Alarm?
Warum denkt sich kein Schutzengel: »Herr, hab Erbarm'!«
Müssen Harburger Grazien so früh an sich scheitern?
Lässt sich aschengeputteltes Glück nicht erweitern?
Doch wär' ihre Schönheit nicht gar so arg rar
Schien dann nicht die Reinheit auch weniger klar?
Denn vor all dem Verfall gefällt sie sich
Doch auch im Versprechen: »Ich halt' mich nich'«
Uns Holz hält – trotz aller Schnitzer – dagegen
Uns treibt Oberwasser, erteilt uns den Segen
Gewachst in Anti-Aging-Cremes
Mensch, Alter, dass de dir nich' schäms'!?

Nun sind wir vielleicht die Schönsten hier
Aber die – warn doch tausendmal schöner als wir!

Wo sind denn all die Cindys hin, die's
Dann diddlmausdösig verdaddelt ham?
Weil dern Glut längst verglomm
Laufen Restakkus warm

Nur das Streben nach Schönheit stützt ihr Straucheln vorm Thron
Aber letztlich wirkt unsres Nests Gene Ration
Nun noch ein bachmannpreiswürdiger Name fürs Kind
Derweil die noch bei Lara und Benjamin sind...!
Die sind vielleicht tausendmal schöner als wir
Doch Kindchen, was zählt, ist:
Die da – und wir hier

So endet das immer
Und endet doch nie
Für die prekariable Peripherie

FRANK KLÖTGEN, 44, *Heimatort?* Wechselnd; *Hamburg... ?* Fünf Umzüge
in vier Jahren.

„Lieber Julius, das war leider nichts, du bist total lieb und kannst voll gut zuhören, probier es doch einfach noch mal in ein paar Jahren, wenn ich alt und häßlich geworden bin."

DIE FRAUEN IN MEINEM LEBEN

Aus der Reihe: Ich hasse Menschen
von Julius Fischer
Illustration — Anonymer Drittklässler

Aktuell bin ich Single. Ich hasse Menschen.

So, Text vorbei, Tschüss.

Nee, Quatsch!

Das ist kein Grund für die geschätzte Damenwelt, sofort in Ohnmacht zu fallen oder meine Telefonnummer heraus bekommen zu wollen, es ist nur so: Ich bin zu haben, Ladies!

Ich habe Ahnung von Frauen, die ist mir sozusagen mitgegeben. Das fing mit meiner Urgroßmutter an. Sie sagte einmal:

»Junge.«

Da war ich schon froh, denn vorher hatte sich das nie so angefühlt. Aber ihr Satz ging noch weiter. Deshalb musste ich den Freudentanz, zu welchem ich meinen damals noch recht straffen Körper in Position gebracht hatte, kurz einfrieren.

»Junge«, sagte sie noch einmal und ich sagte: »Yeah!«

»Denke immer daran, du musst deine Freunde mit Bedacht auswählen. Du darfst nicht jede Freundesanfrage bei Facebook einfach annehmen. Check das Profil aus, Digger!« sagte sie. »Mach dich nicht unglücklich, indem du dich jedem sozialen Netzwerk anschließt, das dir vor die Nase fällt. Informiere dich vorher, was das genau ist! In die NSDAP ist auch erst mal jeder eingetreten, und was dabei heraus gekommen ist, wissen wir ja jetzt...

Und like um Himmels Willen nicht jeden, du hast auch deinen Stolz. Sei nicht der, der bei einer Party zuerst das schönste und dann das letzte Mädchen anhimmelt und am Ende trotzdem allein nach Hause geht. Biete alten Frauen in der Straßenbahn immer einen Sitzplatz an, jungen Müttern mit Kindern aber nie. Immerhin haben die neun Monate das Kind getragen, da kommt es auf die paar Monate mehr auch nicht mehr an, die haben starke Muskeln und sind außerdem vergeben, das wäre doch Perlen vor die Säue werfen!

Hüte dich vor Mädchen, die dir anbieten, in ihrer Küche zu schlafen, hüte dich vor Jungen, die dir anbieten, in ihrem Bett zu schlafen, hüte dich vor Schafen, die haben ihren ganz eigenen Charme, und ehe man sich's versieht, muss man sie heiraten! Also sei auf der Hut, die Erde ist ein böser Ort und nur wenige überleben sie unbeschädigt.«

So sprach meine Urgroßmutter und die musste es wissen, denn sie arbeitete vor dem Krieg in einem Eisenwalzwerk. Von ihr habe ich die Vorsicht, das Einfühlungsvermögen und die weiche Haut.

Von meiner Mutter habe ich eine gewisse Schnoddrigkeit, Geradlinigkeit und eine Prise Sarkasmus mitbekommen. Meine Mutter war krass drauf, man könnte fast sagen die derbste Motherfuckerin in der gesamten Hood. Meine Mutter hat Deine-Mutter-Sprüche gebracht. Gegenüber mir.

»Mama, krieg' ich ein Eis?«

»Deine Mutter kriegt 'n Eis, du Spast.«

Von meiner kleinen Schwester habe ich gelernt, dass es nicht immer hilfreich ist, Mädchen in die Brüste zu zwicken, außer wenn sie ausdrücklich darauf bestehen. Ansonsten reagieren sie so gereizt.

Von den Mädchen, mit denen ich zusammen war, habe ich gelernt, dass die Mädchen, mit denen ich zusammen war, auch erst mal wissen mussten, dass ich mit ihnen zusammen war. Meist erfuhren sie es erst auf Klassenfahrten, wenn mein bester Kumpel sie fragte, wie es denn so sei, mit mir zu gehen. Meist sahen sie ihn an und fragten:

»Mit wem?«

Diese Mädchen lehrten mich die Geduld, selbst wenn sie davon nichts wussten.

Die Männer in meinem Leben, Großvater oder Dad, wussten nicht viel mehr zu meinem Leben beizusteuern als früh zu sterben oder mir mit Sätzen wie »Geh da raus und hol sie dir, Tiger!« den letzten Mut zu rauben.

Ich bemerkte irgendwann, dass die Mädchen, während die Jungs sich mit Dreckklumpen bewarfen oder andere ordinäre Dinge taten, über die man heutzutage selbstverständlich schweigt oder zumindest versucht, sie wegzuräuspern, dass die Mädchen auf einmal statt mit Kuscheltieren mit so kleinen viereckigen Dingern herumliefen. Das waren Dinger aus Pappe, bunt bedruckt, welche sie bisweilen aufklappten und lange Zeit schweigend hinein blickten.

Sie nannten diese Dinger Bücher. Die musste ich auch haben, sie sollten mir den Weg ebnen. Manchmal unterhielten sie sich darüber, tauschten welche aus, kicherten und lachten. Ein wohlige Welt entstand in meinem Kopf, was alles passieren würde, wenn ich auch lesen würde. Ich würde zum Inner Circle gehören. Geburtstage, zu denen ich als einziger Junge eingeladen würde, irgendwann würden die Mädchen mich mit veganen Gummibärenschlangen an einen Mast fesseln, nackt, ganz so wie sie, die sie lachend um mich herum tanzten.

Aber ich bekam keine ab, keine einzige. Ich lernte, Liebesbriefe zu schreiben! Und das waren keine herkömmlichen JA-NEIN-VIEL-

LEICHT-NUR-FICKEN-Multiple-Choice-Briefchen, sondern welche mit Gedichten, parfümiertem Briefpapier und Stickern!

Zuerst aus Mangel an Alternativen Hanuta-Fussball-Aufkleber der deutschen Nationalmannschaft und später Pferde aus Stoff, Phantasiewesen mit Glitzerlook, als ich ganz verzweifelt war sogar welche mit 3D-Effekt. Die gucken einen immer an. Egal von welcher Seite! Irgendwann, da mir eh keines der Mädchen zurückschrieb, schrieb ich mir eben die Antworten selbst:

»Lieber Julius, das war leider nichts, du bist total lieb und kannst voll gut zuhören, probier es doch einfach noch mal in ein paar Jahren, wenn ich alt und hässlich geworden bin.«

Ich steckte sie mit in den Briefumschlag und wartete. Dann war meine Kindheit vorbei. In meiner Jugend schrieb ich dann Liebesbriefe für die Mädchen, die schließlich doch auf mein Talent aufmerksam geworden waren. Ich schrieb die Absagen und die Zusagen, beantwortete all die Multiple-Choice-Briefchen der Jungen und hatte so recht viel zu tun. Dabei erwarb ich mir Kenntnisse über meine Auftraggeberinnen, von denen ich heute noch zehre.

So wuchs ich heran, ein Schattenwesen, ein Schreibtischtäter, ein unsichtbarer Troll. Ich war ja noch nicht mal richtig hässlich, eher wie so ein Pilz, von dem man nicht genau weiß, ob man ihn essen kann oder nicht und deshalb vorsichtshalber stehen lässt.

So war das mit mir und den Frauen. Ach, ich hasse Menschen.

JULIUS FISCHER, 29, *Heimatstadt?* Leipzig; *Alter in geschriebenen Slam-Texten?* Zehneinhalb; *Schönstes Erlebnis mit dem Kampf der Künste?* Der Rap für Volker Strübing (»mothervolker«) beim Dreikampf im Schauspielhaus und die anschließende Party, bei der Jan-Oliver trunken Gitarre spielte...; *Was machst du, wenn du nicht auf einer Slam-Bühne stehst?* Ich verkaufe bei Ebay seltene Zahnsteine. Ansonsten Kleinkunst.

GLÜCK AUF!

David Friedrich

*Der Schluckauf ist eine reflektorische Kontraktion des
Zwerchfells, wobei die Einatmung durch plötzlichen Stimm-
lippenverschluss unterbrochen wird. Bei menschlichen Embryos
verhindert der Reflex das Einatmen von Fruchtwasser, bei
Säuglingen das Einatmen von Muttermilch und bei Jugendli-
chen und Erwachsenen entsteht der Schluckauf durch häufiges
Akzeptieren von sozialen und politischen Missständen.*

D urch den Großstadtdschungel
Boxt du dich vergeblich
Freie Wildbahn dennoch dein Kopf in einem Käfig
Eingezäunt von Bürofassaden
Der moderne Hausmann muss grausam bausparen
Sich vor Sorge untersuchen lassen mit Vorsorgeuntersuchungen

Anstatt Grenzen im Kopf sprengen
Lieber ständig am Tropf hängen
Erschüttert sitzt
Du da und man füttert dich
Mit Aufpfuschmitteln und der perfekten Nahrungsergänzung
Und plant so Verblendung
Und alle gucken weg und einfach weiter gehen
Trotz ständiger Pein
Den Absturz deines Vordermanns zu ignorieren heißt ein
Lemming zu sein

Doch was würde Hemingway schreiben?
»Glück? Das ist einfach eine gute Gesundheit
Und ein schlechtes Gedächtnis«

Und was würde Haddaway schreien?
»LOVE! Don't hurt me, don't hurt me, no more«

Und weiter Phrasen
Was würde Jörg Haider sagen?
»I wü des need! Diese ganzen Migranten san doch auch nur an
    Haufen Wabbler. Geht's schässn Burschis!«

Pharmakonzerne bieten perfekte Politur für die postprekäre
    Prada-Poperze
Lass dir das gefallen. Lass dich bis aufs letzte Hemd ausziehen
Und höre dir dann die Sprüche an, dass du so fett bist, so ätzend
    und hässlich und schluck das runter
Schluck einmal für Mama und einmal für Papa
Und mach schön Aaaahhhhhhhhber reiß das Maul nicht so
    weit auf

Schluck: Die Mieterhöhung
Schluck: 2€ Bier mit 0,25 Liter
Schluck: Das hier und du wirst gesund, schmeckt meistens bitter
Schluck: Schatz, ich find' pink hübscher, ich habe die Sofapolster
ausgetauscht
Schluck: Tut mir leid, aber in ihrer Größe ist das Bafög leider
ausverkauft
Schluck: Die Ex-Freundin kommt rein und du denkst:
Augenschmaus
Mit vollem Mund Luft holen, geschluckt doch kaum gekaut

Der Lieblingspulli zu heiß gewaschen, die Zahnbürste ins Klo gefallen, Mama heiratet den ehemaligen Mitschüler. Schluckt das, aber mit Biss, Brüder!

Schluck und das Leben hat einen Sinn: Du gehst raus auf die Straße, lächelst dein Schicksal an und kaufst dir einen von diesen probiotischen Trinkjoghurts. Wenn hier alles schon den Bach runter geht, warum dann nicht auch dein Cholesterinspiegel?

Ich bin für gesenkte Steuern und gegen erhöhte Blutfettwerte!
Stoß an mit Jever-Fun-Coke-Zero-Rama-Light
Part-Time-Apartheid!
Fahr Fahrrad und höre auf Kette zu tanken
Plündere dein Sparschwein und rette die Banken
Kurz angelegt und schon wird das Geld rausgeschossen
Fang an, den Staub aus den Grundrechten selbst rauszuklopfen

BEISPIEL: Angela Merkel sagte vor ein paar Monaten Folgendes:
»Mimimimimimimimimi«.

Und als ich das hörte, dachte ich mir: Warte mal! Hatte nicht vor Jahrzehnten Franz Joseph Strauss schon gesagt:

»Ja gut ähhh, mimimimi, ja mimimimimähmäh«.

Es ist immer dasselbe. Auf jedes Plakat mit einem abgemagerten äthiopischen Blähbauch-Baby, für dessen Überleben man spenden soll, folgen drei bekloppte Castingshow-Plakate. An alle willig machenden Werbe-Wichser, die sich in ihren popeligen Product-Placement-Pussys pulen: Ich sag' euch eins:

»Mimimimimimimi«.

Fang an, den Staub aus den Grundrechten selbst rauszuklopfen
Im Großstadtdschungel an der kurzen Wäscheleine fängt unsere
    Welt an zu trocknen
Wir haben Pocken und Grippen
Trockene Lippen
Hocken mit den Dritten
Bei Hopfen und Kippen
Gut aufgelegt wie Lidstriche geht es uns trotzdem beschissen

Liegend im Koma im Dunklen
Großstadtdschungel voller Palaberiafliegen und Motzkitos
Haben kein Bock, Kilos an Trotzsilos
Umweltgerecht herunterzuschlucken
Doch wir ärgern uns nur kurz, ich nur fünf Minuten, dann gehe
    ich Backstage und trinke Frust in kurzen Gläsern

Meine Freiheit bleibt Lüge
Doch solange ich mich frei fühle
Und gekonnt ignoriere
Was sonst so passiert

Ist alles gut, alles prima und alle essen Oreo-Kekse

Ich treffe dich in einem Szenecafé auf einen probiotischen, koffein-freien Soja-, Halbfett-, Laktosefrei-, Macadamia-, Karamell-, Wasabi-, Fair-Trade-, Was-weiß-ich-haste-nicht-gesehen-Bubble-Tea und wir vergessen, was wir in der letzten Zeit so gemacht haben und wie es uns so geht.

Glück? Das ist eine gute Gesundheit, ein schlechtes Gedächtnis und ein funktionierender Schluckreflex

Du musst einfach an was anderes denken, dann geht das schon vorbei

---

DAVID FRIEDRICH, 23, *Heimatstadt?* München; *Alter in geschriebenen Slam-Texten?* 23; *Lieblingsplatz zum Schreiben?* Manchmal leiht mir Michel Abdollahi sein walisisches Rauhaar-Pony. Auf dem kann man super durch Planten un Blomen reiten. Manchmal lache ich dabei lauthals. Aber das wird immer seltener.

DIE WAHRHEIT ÜBER DIE LISTIGE MANGUSTE
ODER
WIE ICH BEI WIKIPEDIA WEGEN VANDALISMUS GESPERRT WURDE

Björn Högsdal

W ikipedia ermuntert dazu, an Artikeln mitzuarbeiten und als ich auf die vom Aussterben bedrohte Tierart der »Listigen Manguste« stieß, wusste ich, dass es Zeit war, zu handeln. Die Listige Manguste ist ein weitgehend unerforschtes, harmloses und eher niedliches Fellknäuel in der Größe eines Frett-chens. Kein Wunder, dass diese Art auf der roten Liste steht. Wer das Folgende liest, muss die Listige Manguste ja für einen hilflosen und leichten Gegner halten:

> *Die Listige Manguste ist eine im zentralen*
> *Afrika lebende Raubtierart aus der Familie*
> *der Mangusten.*
> *Listige Mangusten zählen zu den kleine-*
> *ren Vertretern ihrer Familie, sie erreichen*
> *eine Kopfrumpflänge von 25-33 cm, eine*
> *Schwanzlänge von 16-23 cm und ein Ge-*
> *wicht von 300-400 g. Ihr Fell ist kurz und*
> *weich, an der Oberseite bräunlich gefärbt.*
> *Kopf und Nacken sind dunkler, fast schwarz.*
> *Sie ähneln somit den Zwergmangusten.«*

Nein, diese arme Kreatur muss bedrohlicher wirken. Was ich jetzt tue, ist kein Hackerangriff, das ist Artenschutz! Ich drücke den Bearbeiten-Button und verleihe der Listigen Manguste den Nimbus eines Killers. Meine Fassung der Merkmale:

Listige Mangusten zählen zu den gemeineren Vertretern ihrer Fa-milie, sie erreichen eine Kopfrumpflänge von gefährlichen 25-33 cm, eine Schwanzlänge von hinterhältigen 16-23 cm und ein Gewicht von brutalen 300-400 g.

Ihr Fell ist trügerisch kurz und weich, an der Oberseite bräunlich gefärbt. Kopf und Nacken sind dunkler, fast schwarz, ganz ähnlich der Seele des Tieres. Sie ähneln somit den Harpyien, ihre nächsten Ver-wandten sind aber die, etwas dickeren, Lustigen Mangusten.

Als ich Enter drücke, erscheint mein Text anstelle des bisherigen. Das war ja leicht, denke ich, ich werde mutiger. Der nächste Punkt beschreibt die Lebensweise meiner neuen Schützlinge:

> *»Über die Lebensweise dieser Tiere ist kaum etwas bekannt. Die weichen Zähne lassen darauf schließen, dass sie im Boden nach Nahrung graben und dabei vorwiegend wirbellose Tiere zu sich nehmen.«*

Das geht so natürlich auch nicht. Andererseits, dieses knappe Wissen lässt mir viel Raum für eine ausführliche und interessantere Version ihrer Lebensweise. Ich komme so richtig in Fahrt:

Die Lebensweise dieser Tiere ist gut erforscht. Die schrecklichen Zähne sind von der Evolution zu präzisen Werkzeugen und verheerenden Waffen geschmiedet worden.

Im Rudel jagen sie nach Nahrung und nehmen dabei vorwiegend Waldelefanten zu sich, fallen in Notzeiten aber hin und wieder auch kleinere Menschengruppen an. In ganz Afrika fallen pro Jahr etwa 700-800 Menschen Rudeln Listiger Mangusten zum Opfer.

Ihr Jagdverhalten hängt von der Anzahl der Jäger ab. Zu zweit jagen die possierlichen Räuber nach Giraffen und Nashörnern. Eine Manguste lenkt dabei die Beute ab, mit einer Frage nach dem Weg oder der Uhrzeit, während die andere kaltblütig zuschlägt. Die Ablenkungstaktiken sind ein zentrales Element bei der Jagd der Listigen Manguste. Bei der Jagd auf ihre Hauptbeute, junge Waldelefanten, sind üblicherweise fünf Jäger beteiligt. Ein Weibchen lenkt ein Elefantenjunges ab und löst bei Märschen den Rüssel des Jungen vom Schwanz der Mutter. Drei weitere lauern diesem hinter einem Busch auf und töten es blitzschnell mit krassen Karatemoves. Die fünfte Listige Manguste aber läuft bis zu einem halben Tag hinter dem Muttertier her und hält zur Täuschung mit einer freien Pfote den Schwanz, um den Verlust des Jungtiers so zu verdecken.

Erwachsene Elefanten jagt die Listige Manguste selten und nur dann, wenn diese schlafen. Hier greift das Rudel zu einer erstaunlichen Taktik. Ein Tier schafft mit den rasierklingenscharfen Reißzähnen an einer unempfindlichen Stelle der Haut einen Eingang. Dann stürmt das Rudel den Elefanten und höhlt ihn binnen weniger Minuten vollständig von innen aus. Es dauert oft Tage bis die entkernten Körper in sich zusammenfallen.

Diese leeren Hüllen spielen in der Mythologie der ugandischen Völker eine wichtige Rolle und gelten noch heute als Vorboten nahender Katastrophen. Oft erscheint die Listige Manguste in den Märchen der lokalen Naturvölker als hinterhältiger Verführer und blutrünstiger Menschenfresser.

Schon viel besser. Wer das liest, wird sich zweimal überlegen, in den Lebensraum der Listigen Manguste einzudringen, denke ich mir.

Der Artikel wurde nach zwanzig Minuten zwar wieder durch die ursprüngliche Fassung ersetzt und man sperrte meine IP-Adresse für Änderungen bei Wikipedia, aber irgendjemand in Afrika muss die Version gelesen haben. Der Kongo hat die Art wegen der großen Gefahr für Menschen zum Schädling mit Abschussprämie erklärt und inzwischen praktisch ausgerottet.

BJÖRN HÖGSDAL, 36 (eigentlich 38, aber die wiederholte 8. und 11. Klasse zählen ja nicht), *Heimatstadt?* Geboren in Köln, aufgewachsen am Bodensee, aber Heimat ist und bleibt Kiel; *Alter in geschriebenen Slam-Texten?* Um die 300 – wenn Kurztexte mit reinzählen.

KEIN SCHEISS REGENBOGEN

Moritz Neumeier

Weil das Leben eben kein scheiß Regenbogen ist. Und weil uns niemand versprochen hat, jemals glücklich zu sein, deswegen und nur deswegen weigere ich mich, jeden Tag mit einem Lächeln aufzuwachen. Und nur deswegen stehe ich auf und schreie innerlich, nur innerlich über diese Ungerechtigkeit, dass meine Eltern mich ohne meine Zustimmung in diese Welt geschissen haben. Schön und gut, dass sie einen Beweis für ihre ewige Liebe brauchten, die tatsächlich nur fünfzehn Jahre dauerte.

Aber warum ich? Warum ich? Warum nicht eines dieser Milliarden anderen unbedeutenden Erdenkinder, die sich bis zum Ende ihres erbärmlichen Lebens einreden, morgen, JA MORGEN, endlich glücklich werden zu können.

Ich habe noch keinen Tag von vorne bis hinten genossen. Und das ist keine Krankheit, das ist die Wahrheit.

Warum glauben alle, dass genau ihr Weg der richtige sei? Ich meine ganz im Ernst: Wenn es einen Sinn des Lebens gäbe, dann hätte den schon irgendjemand gefunden. Und dann hätte er allen davon erzählt und wir hätten das gehört und gedacht »Aaachso! Das sollen wir machen!«

Aber das ist eben nicht passiert und deswegen versuchen alle Menschen, ihre Zeit mit irgendetwas zu füllen, das man als Sinn betrachten könnte.

Manche versuchen zum Beispiel möglichst schön zu sein. Das habe ich auch versucht und dann den Rahmen meiner Möglichkeiten erkannt und damit aufgehört. Und manche Menschen versuchen möglichst schlau zu werden und das habe ich nicht mal versucht. Ich für meinen Teil lebe nur von einer Bühne zur nächsten. Das sind die Momente, in denen ich glücklich bin. Der Rest ist Füllmaterial. Der Rest ist nur dazu da, dass die Bühne immer wieder etwas Besonderes bleiben kann. Ein Höhepunkt.

Das ist wahr. Jedenfalls für mich und kommt es nicht gerade darauf an? Ist es nicht eigentlich völlig egal, was für den Rest der Welt wahr ist? Ich meine, manche glauben an Gott und tun gut damit. Und manche nicht. Die tun wahrscheinlich genauso gut damit. Jeder hat doch ohnehin seinen eigenen Maßstab.

Auf ein paar Dinge können wir uns ja ruhig einigen. Luft braucht man zum Atmen, einige Dinge wachsen und allein sein ist manchmal scheiße. Punkt.

Und vielleicht noch ein paar andere Dinge. Aber das Meiste reicht doch nicht aus, um allgemein gültig zu sein. Keine zwei Menschen teilen sich eine Sicht.

Du glaubst zum Beispiel, die Welt sei gut und ich muss eben darüber lachen. Über diese Naivität, diese grenzenlose Naivität, die besagt, dass es Gerechtigkeit gibt und alle Menschen gut sind. Glaube ich nicht. Fertig.

Und dann erinnerst du mich an dieses eine Indianersprichwort, das doch besagt:

»Uhug soihoh azgtzfvs uhiuhd ug gzopihih.«

Und ich weiß nicht, was das bedeutet, weil ich diese Sprache einfach nicht spreche!

Und dann sagst du, dass ich doch einmal zufrieden sein soll mit dem, was ich habe und dass wir doch in dem besten aller Systeme leben und es den ganzen Anderen auf der Welt doch viel schlechter geht und ich deswegen mal genießen soll, dass es mir so gut geht und...

Nein.

Das ist kein Argument. Natürlich geht es allen Anderen schlecht, ich weiß das. Es gibt Länder, da haben alle Hunger und Krieg und Aids. Und das ist furchtbar. Aber das macht doch mein Leben nicht besser.

Da kommt ein depressiver Mensch auf dich zu und erzählt von seinem Leid und du hörst ihm zu, bis er fertig ist. Und dann zeigst du ihm ein Foto und sagst:

»Guck mal, das ist Mambeki KlickKlack, der wohnt in Simbabwe und dem haben sie die Mutter weggenommen und der hat nichts zu essen. Dem geht es viel schlechter als dir. Und jetzt sei glücklich und spiel hier mit dem Cuttermesser.«

Das funktioniert nicht. Wir können uns nicht darauf ausruhen, dass wir alles haben, wenn uns das alles nichts gibt. Und wir sind alle unterschiedlich, in dem was wir brauchen, können und wollen. Wir beide zum Beispiel.

Du fragst dich, warum ich mich nicht hundertprozentig auf dich einlassen kann. Und die Antwort ist einfach: Weil ich einfach nicht so bin!

Ich trage immer einen Rucksack bei mir. Keinen echten, aber einen in Gedanken. Siehst du, ich stelle ihn hier neben die Wohnungstür, nur für den Fall, dass ich bald schon wieder gehen muss. Und das liegt nicht daran, dass ich nicht bei dir bleiben will. Das liegt daran, dass ich das Gefühl brauche, nicht bei dir bleiben zu MÜSSEN. Ich muss nicht morgen etwas völlig anderes machen als heute. Ich muss morgen etwas völlig anderes machen KÖNNEN als heute.

Wie soll ich mich ganz auf dich einlassen, wenn ich mich nicht mal auf mich selbst einlassen kann. Ich bin immer noch dabei, mich selbst zu finden, also wie soll ich dich bereits gefunden haben?

Natürlich liebe ich dich. Heute und bestimmt auch noch morgen. Aber nächste Woche?

Keine Ahnung. Da könnte ich tot sein!

Oder reich. Oder beides.

Der Punkt ist, dass ich keine Ahnung habe, was ich hier mache. Und das ist ok so. Aber tu doch nicht immer so, als müsste ich dabei dauernd glücklich sein. Manchmal steht man morgens auf und damit ist der Tag dann auch gelaufen. Und das liegt meistens gar nicht daran, wie man aufgestanden ist, sondern DASS.

Manchmal ist dieser erste Schritt aus dem Bett schon so belastend anstrengend, dass jeder bloße Gedanke an einen weiteren das Nervengewebe bis zum Äußersten belastet.

Manchmal fühlt es sich an, als wäre deine Lebensfreude, stellte man sie sich als ein niedliches kleines Kaninchen vor, mehrere Wochen lang von einem zehn Zentner schweren Rottweiler eingesperrt und vergewaltigt worden, nur weil keine frische Milch mehr im Kühlschrank ist.

Manchmal reicht ein Regenschauer aus, der mich auf dem Fahrrad erwischt, um mir den sofortigen Tod zu wünschen. Das sind die einzigen Momente, in denen ich wirklich suizidal bin. Wenn ich etwas machen muss, das vielleicht eine halbe Stunde dauern würde, worauf ich aber überhaupt keine Lust habe.

Wie oft stand ich schon am Hauptbahnhof an Gleis 14b und stand vor der Entscheidung, ob ich jetzt zu diesem Auftritt fahre oder mich einfach vor diesen Zug werfe.

Manchmal reicht ein Gespräch aus, und das kennt jeder von euch, dass so unglaublich uninteressant ist, dass man dort steht und sagen möchte:

»Ja, mmmhh, ja… Pass auf, wenn du mir jetzt noch eine Anekdote aus deinem Spanienurlaub erzählst, muss ich mir leider mit diesem Cocktailschirmchen die Halsschlagader auftrennen.«

Was ich sagen möchte, ist:

Weil das Leben eben kein scheiß Regenbogen ist. Und weil uns niemand versprochen hat, jemals glücklich zu werden, deswegen bin ich eben selten glücklich und das ist völlig ok so.

MORITZ NEUMEIER, 26, *Heimatstadt?* Hamburg; *Alter in geschriebenen Slam-Texten?* 42; *Was machst du, wenn du nicht auf einer Slam-Bühne stehst?* Auf anderen Bühnen stehen; *Hintergrund zu diesem Text?* Der Hintergrund bin immer ich; *Hamburg…?* Ein Zuhause, eine Zuflucht und das Gefühl irgendwo hinzugehören.

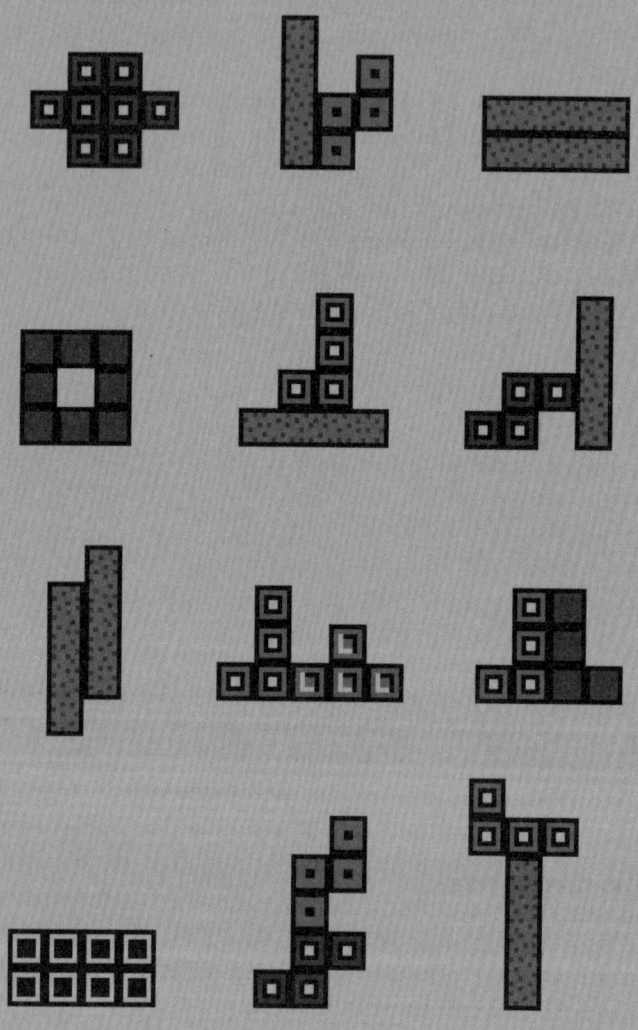

KAMASUTRA-XL

Jörg Schwedler

Kunden, die dieses Produkt kauften, kauften auch die Kamasutra-XL-App. Das bot mir der Store kürzlich an, als ich nach einer Fotosoftware suchte. Um eine adäquate Beschwerde-Mail zu verfassen, downloadete ich die App umgehend. »Kenne deinen Feind!« sagte schon irgendein asiatischer Kriegstaktiker, also lernte ich meinen Feind kennen. Dort waren unzählige Stellungen abgebildet. Diese waren unterteilt in Kategorien und man konnte seine persönliche To-Do-Liste anlegen. Folglich gab es auch eine Liste mit bereits erledigten Stellungen inklusive Fortschrittsanzeige und Highscore-Liste.

Da lag mein Problem: Ich konnte noch nie mit Highscore-Listen umgehen. Es war wie eine Sucht. Wenn ich etwas tat, versuchte ich stets unter den Besten zu sein. Dabei war es ganz egal, ob es um das Abknallen von Moorhühnern oder um das Schnitzen von Aspik-Skulpturen ging. Ich begann, mich in Tätigkeiten hineinzusteigern, sobald eine Highscore-Liste oder ein gewisses Talent meinerseits vorhanden war. Und an Talent sollte es in diesem Bereich nun wirklich nicht mangeln. Man konnte sogar behaupten, dass ich der Lionel Messi der Sexualität war. Jawohl, ich war der Lance Armstrong des Oral-Verkehrs und mein Doping war der Geschmack der Weiblichkeit. Das kann man hier ruhig mal so sagen. Ich war der Sergei Bubka des Beischlafs, nur nie allein am höchsten Punkt. Und da ich auch der Tiger Woods des Einlochens war, kreuzte ich alle Stellungen an, die ich während meiner Karriere absolviert hatte. Rückwirkend war ich mir zwar bei einigen nicht ganz sicher, ob da jetzt ein Bein mehr oder weniger beim Sex über meine Schulter hing. Das sah ich nicht so eng, aber im Großen und Ganzen bildete die App dann schon mein Stellungsportfolio ab. Das Programm rechnete kurz und dann bekam ich meine Auswertung: »Schon ganz gut, jeder muss irgendwo anfangen.« Ich glaubte meinen Augen nicht. »Jeder muss irgendwo anfangen« las ich erneut und fühlte mich wie der Axel Schulz des Vögelns. Aber gut, wahrscheinlich war die App eher für das Lebenswerk gedacht und ich war ja noch jung. Und Single!

Glücklicherweise hatte ich auch gerade ein kleines Tête-à-Tête mit einer aufgeschlossenen Frau namens Andrea. Alle paar Wochen trafen wir uns bei ihr und verlustierten uns ungezwungen. Ich schrieb ihr eine SMS und tatsächlich schien sie nicht abgeneigt. Bei ihr angekommen, kamen wir ziemlich schnell zur Sache. Ich verwöhnte sie ausgiebig und zum Dank fragte sie erregt:

»Wie möchtest du es?«

Ich hatte auf der Hinfahrt die App etwas studiert und antwortete:

»Nun ja, den *Fahnenmast lecken* haben wir ja bereits erledigt. Wie wäre es denn heute mal mit der *Umgekehrten Amazone* oder der *Stutenstellung?*«

Sie war etwas verwirrt, aber im ersten Moment nicht abgeneigt. Erst als ich versuchte, sie in die entsprechende Position zu bringen, wurde sie etwas fuchsig:

»Hey! Entweder vögeln oder Origami!!«

Da wusste ich, dass ich nicht mehr nach dem *Eingeschlagenen Nagel* oder den *Hängenden Gärten* fragen brauchte. Immerhin konnte ich noch den *Teelöffel* und die *Himmelspforte* unterbringen. Mit Andrea hatte ich danach allerdings keinen Kontakt mehr. Und das war ein Problem für meine Highscore-Liste. Andererseits wären wir früher oder später sowieso an unsere Grenzen gestoßen.

Ich brauchte einen neuen Plan und überlegte fortan, etwas zielgruppenorientierter vorzugehen. Als sehr enthemmt stufte ich immer Krankenschwestern ein, allerdings würde auch dort die Biegsamkeit fehlen. Balletttänzerinnen waren eine Möglichkeit, allerdings hatte ich diese noch nie zuvor in freier Wildbahn getroffen, und mich selbst beim Ballettunterricht anzumelden, erschien mir dann doch etwas drastisch. Auch zu Asiatinnen fehlte mir irgendwie der Zugang. Ein Yoga-Kurs lag schon eher im Bereich des Möglichen. Ich meldete mich für einen Einführungskurs (ein ziemlich passender Name übrigens) an, aber die Kursteilnehmerinnen waren noch ganz am Anfang. War ja auch ein Einführungskurs.

Ich dachte noch viel über potenzielle Sexualpartnerinnen nach, kam aber nicht weiter. Irgendwann resignierte ich. Die App führte ein tristes Dasein in einem Unterordner und mit der Zeit verlor ich mein großes Ziel aus den Augen.

Und dann kam Lisa. Es war Freitagnacht, sie stand lässig am Tresen, flirtete zielbewusst auf mich ein und schließlich landeten wir bei mir. Was folgte, kann man getrost als krass bezeichnen. Sie hatte nicht nur einen gepflegten Gesellschaftsschwipps, sondern auch Lust. Schon beim Vorspiel zogen wir sämtliche Register. Ohne, dass ich es darauf anlegte, landeten wir beim *Gespreizten Adler*, bei der *Verbotenen Frucht*, beim *Presslufthammer* und sogar bei etwas, das im Kamasutra nicht mal beschrieben war. Als wir eine Pause einlegten, konnte ich nicht widerstehen. Ich griff mir das iPad, öffnete die App und machte meine Haken. Plötzlich stand sie hinter mir. Ich schloss überrascht das iPad, aber sie schnappte es mir aus der Hand und öffnete es wieder. Sie war begeistert. Damit hatte ich nicht gerechnet. Selbst bei extremen Stellungen wie *Den Pflock eintreiben* oder *Das Bambusspalten* glänzten ihre Augen. Auch Lisa war ein Highscore-Mensch.

Uns beiden war klar, was nun passieren würde. Es ging nicht darum, zum Höhepunkt zu kommen, sondern einzig darum, Stellungen anzureißen. Am Anfang wähnte ich mich im Paradies. Ich genoss An– und Einblicke, die ich noch nie zuvor gesehen hatte. Die Kategorien *69, Fellatio, Cunnilingus, Hündchen* und *Löffelchen* fielen noch vor dem Frühstück und die Highscore-Liste schrieb nun: »Langsam hinterlassen sie wirklich Eindruck«. Nach einer Stärkung arbeiteten wir uns weiter durch die App. Die Zeit pro Stellung wurde kürzer, die Pausen nahmen an Länge zu. Trotzdem tippten wir ein »Erledigt« nach dem anderen in die App. Wir waren wie im Rausch. Allerdings steigerte sich auch der Schwierigkeitsgrad von Stellung zu Stellung. Was ich die ganze Zeit etwas unterschätzt hatte: Nicht nur die Frau musste biegsam sein, auch an den Mann wurden hohe Ansprüche gestellt. Lisa erzählte mir etwas von zehn Jahren Bodenturnen und feuerte mich an. Ich bekam immer mehr Probleme. Es begann mit einer Bänderdehnung und als ich sie auf einem Stuhl hockend von hinten nahm, folgten die ersten blauen Flecke. Am Sonntagabend waren wir schließlich bei den letzten Stellungen in der Kategorie *Exotisch* angekommen. Ich fühlte mich wie ein Marathonläufer, der seit Kilometer 6 übersäuert war. Es zog und brannte in allen Muskeln. Bei der letzten Stellung musste ich noch einmal auf den Zehenspitzen ihr gesamtes Gewicht stemmen. Meinen Gesichtsausdruck sah dabei vermutlich aus, als ob mir ein Panzer über den Fuß gefahren wäre. An Orgasmus war zwar nicht zu denken, aber es war vollbracht. Lisa setzte den letzten Haken und die Bewertung stieg auf 100%.

Ich brach auf dem Bett zusammen und schlief auf der Stelle ein. Irgendwann in der Nacht erwachte ich aus dem Koma.

»Endlich!« – Lisa grinste mich an. »Schau mal!« sagte sie, hielt mir das iPad unter die Augen und dort stand der letzte Satz, den dieser Flachcomputer anzeigte: »Für die Kamasutra-XL-App ist ein neues Update mit dem Namen *Sechzig neue Stellungen für den Frühling* verfügbar.«

JÖRG SCHWEDLER, 36, *Heimatstadt?* Lüneburg; *Alter in geschriebenen Slam-Texten?* Ui. Etwa 150 für die Bühne; *Schönstes Erlebnis mit dem Kampf der Künste?* Das wäre wohl ein Auftritt im Thalia Theater vor etwa tausend Menschen und überhaupt die Chance, immer mal wieder auf altehrwürdigen und bekannten Bühnen zu stehen; *Wie viel von deinen Texten ist autobiographisch, wie viel fiktiv?* Kommt ganz darauf an, wer diese Frage stellt.

keine Blume

für Belinda

WARUM ICK KEINE LIEBESLYRIK SCHREIBE, BÄIBÄ!

Julian Heun

I

und du fragst, warum ick keine liebeslyrik schreibe
bäibä?!
warum bäibä?!
darum bäibä:

weil liebeslyrik
ist der tummelplatz der rummelspasten
die beim rosenschießen patzen
das fachgebiet der schwachgebliebenen
flachspachtler, die sonst nichts kriegen
der kuschelrocksampler der lyrik

der denken lässt: heute verführ ick
die fischigsten der meerjungbitsches
im glitschigsten fangnetz des kitsches

warum ick keine liebeslyrik schreibe
bäibä?!
warum bäibä?!
darum bäibä:

weil liebeslyrik
ist eine rose ist eine rose ist eine rose
die im wurstwasserpathos zum sumpfkraut vergärt
und das größte gefühl oft aufs ärgste entehrt
weil ich es nicht mehr hären kann
mond mond deine augen mond mond

warum ick keine liebeslyrik schreibe
bäibä?!
warum bäibä?!
darum bäibä:
weil du scheiße bist

warum ick keine liebeslyrik schreibe
bäibä?!
warum bäibä?!
darum bäibä!
weil du weg bist
und ich wusste, so würde es werden

weil ich weiß: wenn man liebesgedinge verwortet
man den zauber des andren darin formuliert

die schönheit des zweisamen eins seins verortet
wie herrlich – solang keine trennung passiert

denn
wenn
der zweisamkeit summe um eins subtrahiert
bis man einsam ist so unterm strich
und genau jene verse allein konsumiert
zerbrechet man innerlich

doch jetzt, da du fort bist
schreib' ich dir alles
was du niemals verdient hast
belinda

II

keine blumen für belinda

keine blumen für dich
liebe belinda
gedankenverwüstende
kopfbreitbandbebildernde
beste belinda
bilderfolgen, die wir
nie waren folgen mir

raumsequenzen in einigkeit
taumelnd lenzend im eichenwald
schaumspirenzend vor leichtigkeit

traumsentenzen einer zeit
die nie ein zeiger durchschnitt

bilderfolgen folgen mir
aber ich dreh' mich nicht um
ich dreh' mich nicht um
und wenn ich mich umdrehte
wöre da nichts

ich mache es mir bequem
in der schneedecke aus stille zwischen uns
bis du deine entschuldigungen da reinpisst
doch seitdem du endlich weg bist
bin ich nicht mehr so allein
weil ich mich an das ›nichts‹ gewöhnt habe
es ist mir ein guter begleiter geworden

rechne mit mir, sagtest du
rechne mit nichts, sagte die vernunft
rechne mit null, sagte der computer
denn eine null ist auch nur eine sehr sehr fettleibige eins
sagte der relativist
und eins kannst du vergessen
mich
denn seitdem du endlich weg bist
bin ich nicht mehr so allein
weil das ›nichts‹ mir ein guter begleiter geworden ist
gestern war ich mit dem ›nichts‹ im kino
es war schöner als mit dir
es hat nichts bezahlt, nichts gesehen, nichts verstanden, nichts gesagt
es verschwieg nichts und behielt nichts für sich

wir haben uns nicht berührt
seitdem du endlich weg bist
bin ich nicht mehr so allein

es gibt für alles ein wort
außer für das, was es nicht gibt
es gibt für alles einen sinn
außer für drei milliarden iphone-apps
es gibt für alles eine iphone-app
außer für liebeslyrik
es gibt für alle liebeslyrik
außer für dich
liebe belinda

dann hab' ich dem ›nichts‹ das gedicht vorgetragen
es verstand nichts und fühlte zwar auch nichts dabei
doch mit altkluger stimme wusste es mir zu sagen
dass das mit gewissheit
liebeslyrik
sei

III

JULIAN HEUN, 24, *Heimatstadt?* Berlin; *Alter in geschriebenen Slam-Texten?* Frührentner; *Bisherige Veröffentlichungen?* Eine Kassette, ein Aktkalender und ein Roman.

HYDRA
ODER
ICH BIN HERAKLES
SPRACH HERAKLES

Marc-Uwe Kling

Zur Hydra, der neunköpfigen Schlange schlich
Herakles, das Schwert im Gewande,
zu richten das Monster, das widerlich
mit seinem Terror beherrschte die Lande.

Mit bebender Stimme rief er die Hydra an:
»Zeig dich und hör meine Beschwerde!«
Ein langer Hals mit einem fast hübschen Kopf daran
schob sich aus dem Loch in der Erde.

»Ich bin Herakles!« sprach Herakles.
»Sohn des Zeus.
Kumpel von Prometheus,
dem Erfinder des Feuers!«
»Vielen Dank für Ihren Besuch!
Wie kann ich Ihnen behilflich sein?« fragte der Kopf des Ungeheuers.
»Ich habe lange schon das Gefühl,
eine Schlange an meinem Busen zu nähren.
Ich sag' es kurz, ich fass' mich kühl:
Ich bin gekommen, mich zu beschweren!«

»Oh!« antwortete der Schlangenkopf wendig.
»Dafür bin leider nicht ich zuständig.
Haben Sie sich schon an die Stelle dort drüben gewandt?«
Ein Klicken im Geröll und der Kopf verschwand.

Und Herakles, dieser tapfre Mann,
ging zur gewiesnen Stelle, rief wieder an:
»Zeig dich und hör meine Beschwerde!«
Ein neuer Kopf schob sich empor aus der Erde,
schlängelte sich fest wie ein Vertrag um des Helden Bein.
»Vielen Dank für Ihren Besuch! Wie kann ich Ihnen behilflich sein?«

»Ich bin Herakles!« sprach Herakles.
»Sohn des Zeus.
Kumpel von Prometheus,
dem Erfinder des Feuers!«
Fast mechanisch klang die Replik des Ungeheuers:
»Wenn Sie schon länger Held sind in unseren Landen
und es noch zwei weitere Jahre sein möchten, sagen Sie jetzt bitte
›Einverstanden‹.

Oder handelt es sich bei Ihnen um einen Neuhelden?
Dann sagen Sie jetzt bitte ›Anmelden‹.«

»Weder noch!« rief Herakles. »Ich will mich rächen!«
»Eingabe nicht verstanden«, sagte die Hydra. »Bitte deutlicher sprechen.
Wenn Sie schon länger Held sind in unseren Landen,
und es noch zwei weitere Jahre sein möchten, sagen Sie jetzt bitte...«
»Einverstanden!« rief Herakles. »Nur hör meine Beschwerde!«
»Einen Moment«, sprach der Kopf
und verschwand in der Erde.

Lange wartete Herakles vor des Monsters Domizil
– aus der Höhle drang Easy-Listening-Leierspiel –
die Sonne ging unter, der Tag schon zu Ende,
und er bekam das Gefühl, dass er nur seine Zeit verschwende.
Doch das Orakel in der Schleife hatte ihm prophezeit,
der nächste freie Schlangenkopf stünde für ihn bereit...

Und plötzlich blitzten zwei Schlangenaugen im Dämmerschein.
»Vielen Dank für Ihren Besuch! Wie kann ich Ihnen behilflich sein?«
»Äh... Na ja... äh... wie schon gesagt,
ich kam, mich zu beschweren...«
»Ja, aber wer sind Sie denn überhaupt?
Das müssten wir doch zuerst einmal klären.«

»Ich bin Herakles!« rief Herakles.
»Sohn des Zeus.
Kumpel von Prometheus,
dem Erfinder vom Feuer!«
Der Kopf verschwand
und es erschien ein neuer.

»Ich bin Herakles!« schrie Herakles.
»Sohn des Feuers.
Vater von Zeus,
Held dieses Abenteuers!«
»Aha. Haben Sie vielleicht Ihre Heldennummer zur Hand?«
»Was?« fragte Herakles, der nicht verstand.
»Na, ziehen Sie doch mal Ihr Schwert aus der Scheide.
Dort müsste sie stehen, ganz oben an der Schneide.
Und verzeihen Sie, dass ich Sie damit behellige.«
»Welche davon ist es?« – »Die siebenstellige.«

»Null, null, null, null, null, null, eins!«
»Herr Herkules«, sprach die Schlange.
»Nein, Herakles!« rief Herakles bange
und schon lange am Ende seines Lateins.

»Ach, das konnte ich ja nicht riechen!«
sprach die Hydra. »Um Griechen
kümmert sich diese Stelle dort.«
Es klickte und schon war sie fort,
hörte Herakles nicht mehr fluchen:
»Diese Stelle bat mich doch, Sie aufzusuchen!«
»Ich bin Herakles!« sprach Herakles
also erneut an alter Stelle,
»Sohn des Zeus.
Kumpel von Prometheus.
Heldennummer: Null, null, null, null, null, null, eins!«
Doch wieder nur die Frage zwecks des Behilflichseins.

Da zog Herakles sein Schwert, voll Leid, voll Kummer,
damit Blut verwische die Heldennummer.

SWUSCH

Der Schlangenkopf verlor die Verbindung zum Rumpf.
Triumph, Triumph!
Doch zu Herakles' unermesslichem Grauen
musste er nun in zwei Paar Augen schauen.
Ja, für jeden Kopf, den er abschlug, wuchsen zwei neue.
»Vielen vielen Dank Dank für für Ihre Ihre Treue Treue!«

»Ich bin Herakles!« schrie Herakles,
und im Exzess
verbrannte er mit seines Kumpels Erfindung der Hydra Wunden.
Doch Brandstiftung gehört leider nicht zu den Rechten des Kunden.
Tatü, tatar.
War ja klar.
Es eilt herbei
die Polizei
und beschützt die Tyrannei.

»So endet es immer«, spricht der Dichter.
»Den Helden führt man vor den Richter,
macht ihm kurzerhand den Prozess.«
»Nennen Sie uns bitte Ihre vollständigen Namen fürs Protokoll.«
»Ich war Herakles...«

MARC-UWE KLING, 32

ICH HABE KEINEN TEXT MEHR

Till Reiners
Illustration – Alexei Rothkirch

I ch habe keinen Text mehr.
Man braucht ja ständig einen Text.
Für jedes Gespräch gibt es einen Text,
eine Stimmung und einen Rahmen.

Ein Beispiel:

»Wir sprechen doch gerade über die Finanzkrise, jetzt ist nicht der passende Moment, mir mitzuteilen, wie Du dich fühlst. Außerdem ist Dein Humor in dieser Diskussion störend.

Ausgelassen ist man auf Geburtstagen und beim Karneval. Wenn Du Dich an unserer Diskussion beteiligen möchtest, beginne Deine Sätze möglichst mit ›Wenn ich da mal die Perspektive eines Betroffenen schildern darf‹ oder ›Ich möchte diese These anhand eines lebensnahen Beispiels illustrieren‹.«

Das ist kein Gespräch, das ist ein Test! Ich bin der Tests müde geworden. Wenn wenigstens die Themen neu wären.

Das gibt es ja: die Liebe. Leidenschaft. Sehnsucht. Das gibt es ja. Aber es gibt auch Alltag. Und den gibt es häufiger, sag' ich mal.

Man sagt gar nicht so häufig:

»Ich war zu feige, Dir die Wahrheit zu sagen. Ich war zu feige, Dich zu belügen. Also dosierte ich meine Wahrhaftigkeit nach dem Grad Deiner Empörung.«

Das sagt man selten, weil der Satz von Liebe, Leidenschaft und Sehnsucht handelt, da redet man nicht so oft von.

Leider handeln nicht alle Sätze, die selten sind, von Liebe, Leidenschaft und Sehnsucht. »Ich brauche ein Adapterkabel vom Koaxial auf ne 3,5er Miniklinke« – das ist nämlich auch ein seltener Satz. Der ist ja auch gar nicht schlimm. Was soll man denn machen, wenn man dieses Adapterkabel braucht und eben gerade nicht Liebe, Leidenschaft oder Sehnsucht?

Aber warum sagt man häufig, ganz ohne Not:

»Paris – da könnte man bei Gelegenheit ja auch mal hinfahren.« Oder: »Ich gehe heute auf einen Poetry Slam. Vielleicht wird es trotzdem ein schöner Abend.«

Karl Kraus hat mal gesagt:

»Es reicht nicht, nur keine Gedanken zu haben, man muss auch noch unfähig sein, sie formulieren zu können.«

Es reicht aber nicht, Gedankenloses zu formulieren, man muss sich auch noch darauf verlassen können, dass der andere genau das Gleiche sagt:

»Komm, wir denken zu zweit nicht nach!«

Ich möchte diese Betroffenen anhand lebensnaher Beispiele illustrieren.

»Findest Du nicht auch, dass es schwül ist?«

»Ja, das finde ich auch; wir können in Bezug auf das Wetter von einem ›Wir‹ reden, das gibt es, WIR finden, dass es schwül ist. Bitte gib mir Bescheid, wenn du es nicht mehr schwül findest, dann müsste auch ich meinen Standpunkt überdenken.«

Oder:

»Neulich war ich bei Starbucks. Da hat mir die Bedienung fünfzehn verschiedene Kaffeesorten vorgestellt. ›Ich will doch einfach nur einen ganz normalen Kaffee trinken‹ habe ich da gesagt. Ist das nicht lustig? Findest Du diese Anekdote nicht auch witzig?«

»Ja, Deine Anekdote ist wirklich sehr lustig und bildet außerdem den Irrsinn unserer Zeit treffend ab. Bitte erzähle mit diese Anekdote häufiger, dann wird es von Mal zu Mal witziger. Dann können wir sagen, wir teilen den gleichen Humor.«

Oder:

»Heute Morgen habe ich mich unmännlich gefühlt. Deswegen habe ich eine Currywurst mit Schärfestufe 7 gegessen. Bei Schärfestufe 7 muss man vorher eine Einverständniserklärung unterschreiben, weil einem sonst keiner glaubt, das Zeug freiwillig zu essen. Ich habe mich danach mehrmals erbrochen, aber ich habe mich als MANN erbrochen, das hat unheimlich gut getan. Du und ich, das weiß ich jetzt, wir beide sind Männer. Komm, wir gucken einen Actionfilm, das machen Männer doch so.«

Das sind Selbstvergewisserungsphrasen. Warum fragt man nicht direkt:

»Ist es okay, wie ich bin? Gefällt Euch mein Text? Oder sollte ich mehr lebensnahe Beispiele anführen? Findet Ihr meine Kleidung angemessen? Oder bin ich da jetzt zu modisch gekleidet? Wirkt das affektiert? Oder ist es underdressed? Sagt man ›underdressed‹ noch? Oder klingt das jetzt so aufgesetzt englisch? Oder ist gerade das cool? Hast Du eine ähnliche Perspektive auf das Leben wie ich? Jeder Tag, an dem Du nicht lächelst, ist ein verlorener Tag – ist das nicht auch Dein Credo? Das findet doch eigentlich jeder gut, jetzt sag doch mal!«

Und dann könnte der andere ebenso direkt antworten:

»Mit Deinem Kleidungsstil kann ich nichts anfangen, in meiner peer group tragen wir nur nonkonformistische Kapuzenpullis. Aber versuche doch einmal, kein Fleisch zu essen. ›Ich als Vegetarier esse kein Fleisch‹ kannst Du dann sagen und wir sagen dann nicht nur das Gleiche, sondern teilen eine Haltung: Wir beide sind Vegetarier.«

Statt lebensnaher Beispiele reden wir in Beispielen, um unseren Leben nicht zu nahe zu kommen.

Dann fahre ich also zweihundert Kilometer in die Lüneburger Heide, setze mich mit Bekannten ins Gras, blicke über die Felder und sage: »So richtige Stille, das hat man ja heutzutage gar nicht mehr.« Und siehe da: Es hilft.

Wenn alles unsicher ist –

»Die Welt wird immer komplexer«, das kann man sagen, das stimmt, das sagt man so und dann ist die Welt schon wieder ein bisschen sicherer, weil man den passenden Satz dazu gefunden hat und die anderen nicken.

»Ja, das finde ich auch, das ist auch meine Ansicht, auch ich bin überfordert, wir sind es zusammen, wir sind zusammen.«

Das vierbeinige Ding, lass es uns Tisch nennen, ja, da können wir uns drauf einigen, aber jetzt, mein Freund, sag frei heraus, wie Du diesen Tisch findest! Ist er majestätisch, ist er bieder. Ist er kafkaesk? Ja, mein lieber Freund, sag es frei heraus, auch kafkaesk wäre ok, belege ihn mit einem Wort Deiner Wahl, wie fühlst Du Dich dem Tisch gegenüber, auch wenn Du dafür nichts fühlst, ist das ok, aber bitte sag, wie Du Dich fühlst und bitte, wir müssen uns nicht auf ein Gefühl einigen!

Ich war zu feige, Dir die Wahrheit zu sagen. Ich war zu feige, Dich zu belügen. Also dosierte ich meine Wahrhaftigkeit nach dem Grad Deiner Empörung.

Versuchen wir doch mal, nicht feige zu sein. Es muss ja nicht direkt Liebe sein.

»Hallo, ich bin Till, manchmal fühle ich mich einsam. Wollen wir küssen?« Das klingt ein wenig hölzern, das gebe ich zu. Aber es ist nicht geliehen. Es könnte ein Anfang sein. Und wenn wir dann festgestellt haben, dass unsere Unterschiede nicht ausreichen, voreinander Angst zu haben, dann lass uns über die Finanzkrise reden.

TILL REINERS, 28, *Heimatstadt?* Berlin; *Alter in geschriebenen Slam-Texten?* Mitte 40; *Hintergrund zu diesem Text?* Mich haben die ewigen Satzfetzen ermüdet, die man sich bei flüchtigen Bekanntschaften so um die Ohren wirft. Und ich habe überlegt, woher das eigentlich kommt, dass man manchmal etwas sagt, nur damit keine Stille ist.

SUPERPRALL

Sebastian 23

I

Dort, wo sich die Ebnen zu Tälern verschmälern,
da lebten seit jeher die Schwaben
recht sparsam und froh, bis dann einer beschloss:
»Komm, lass uns den Bahnhof begraben!
Kehrwoche hin und Maultasche her, das Ding
kommt jetzt unter die Erde!
Da obendrauf bauen wir Business-Gebäude,
auf dass das wie Frankfurt hier werde!«
Und alle so: »Yeah!« und keiner so »Buh!«,
denn zuerst hieß es: »Nur 'n paar Millionen!
Ihr werdet schon sehn, das wird superprall,
diese Investition wird sich lohnen!«
Doch schnell wollte man mehr und der Schwabe
bemerkte, man hatte ihn gierig belogen.

Da hat er voll Groll die Maultaschen gepackt
und ist nach Berlin hingezogen.

II

Es klappern die Laptops im Rauschen der Spree,
da leben seit jeher Berliner
recht hip und recht froh, bis dann einer beschloss:
»Komm, wir machen mal was gegen's Klima!
Club-Mate hin und Dönermann her,
lasst uns einen Flughafen bauen!
Mit ganz vielen Terminals, so wie in Frankfurt!
Das klappt, ihr könnt mir vertrauen!«
Und alle so: »Yeah!« und keiner so »Buh!«,
denn zuerst hieß es: »Nur ein paar Wochen!
Ihr werdet schon sehn, das wird superprall,
dann ist's fertig, ganz ehrlich, versprochen!«
Unser Schwabe, der's hörte, platzte vor Wut
fast aus seinen Hipstergewändern,
schrieb an Prenzlauer Hauswände: »Schwaben raus!«
– und wollt' sich in Hamburg verändern.

III

Auf der Reeperbahn nachts und bei Tag am
Fischmarkt, da leben die Hamburger, die
Nordisch bei Nature, bis einer beschloss:
»Komm, wir bauen 'ne Philharmonie!
Hoch über'm Hafen, dann ist Platz für Klassik,

die wir Seeleute seit jeher lieben.
Und wir kriegen 'ne Skyline, fast wie in Frankfurt,
ganz ehrlich, ist nicht übertrieben!«
Und alle so: »Yeah!« und keiner so »Buh!«,
denn zuerst hieß es: »Das wird nicht teuer!
Ihr werdet schon sehn, das wird superprall
und geht gar nicht zu Lasten der Steuer!«
Der Schwabe entsetzt, hat dann nicht mal mehr
sein Fischbrötchen fertig gegessen.
Wie weit noch nach Norden musst er wohl ziehen,
bis die Leute Frankfurt vergessen?

IV

Hoch auf der Nordsee, im salzigen Wasser,
da leben seit jeher die Wellen
und schwimmende Schwaben, bis einer beschloss:
»Komm, lass uns hier auch was hinstellen!
Ein Windpark wär' toll, der macht Energie
und die soll dann uns allen gehören!
Das wird zwar recht hässlich, so wie in Frankfurt,
doch wen soll das hier draußen stören?«
Und keiner so: »Yeah!« und einer so »Buh!«,
denn hier draußen war nur der Schwabe,
der kannte das schon und wusste sofort,
hier trägt man Moneten zu Grabe.
Natürlich wurd' trotzdem sofort losgebaut
und was ist dann daraus geworden?
Wie jegliches Großbauwerk unserer Zeit
– schon bei der Geburt verstorben.

V

Das alles ist tragisch und Zeichen des Hochmuts,
mit dem uns Konzerne regieren.
Doch so lange das WLAN hier ruckelfrei läuft,
werden wir darauf kaum reagieren.
Vielleicht posten wir einen zynischen Tweet
oder klicken auf Facebook nicht ›Like‹.
Vielleicht schreiben wir auch ein böses Gedicht
oder machen mal halbtags 'nen Streik.
Dann wird uns langweilig, weil doch nichts passiert
und wir schimpfen wieder auf's Wetter.
Da glauben wir wenigstens, dass sich was tut,
die Sonne ist unser Retter.
Aber wo ist der Schwabe, den seine Wut so
weit Richtung Norden getragen?
Der baut superprall mit Eskimos Iglus, weil
sie sowas in Frankfurt nicht haben.

SEBASTIAN 23, Alter 34, *Heimatstadt?* Bochum; *Alter in geschriebenen Slam-Texten?* 203; *Hamburg...?* Stadt im Norden. Slam-Metropole. Sunshine, Reggae and smiling faces along the Außenalster; *Lieblingsplatz zum Schreiben?* In einem fahrenden Zug.
Aus: »Purer Unfug« (WortArt 2013).

WICKEL MICH, PAPA!

DIE KRONE DER SCHÖPFUNG IST IN WAHRHEIT VIELLEICHT NUR DIE DUSCHHAUBE DER EVOLUTION

Volker Strübing

Beinahe nichts Schöneres gibt es, als nach einer langen Winterwanderung durch das Berliner Umland, durch verschneite Wälder, über zugefrorene Seen, abwechselnd in Sonnenschein und Schneegestöber, einen kleinen brandenburgischen Regionalbahnhof zu erreichen, dort eines der selten gewordenen Bahnhofscafés zu entdecken, das –

man mag sein Glück kaum fassen – sogar geöffnet hat, und dort einen Grog zu bestellen.

Und welch schreckliche Enttäuschung, wenn dann, wenn die steifgefrorenen Finger in Erwartung des heißen Glases schon vorfreudig zu kribbeln beginnen, die Frau hinter der Theke des Cafés leicht den Kopf schüttelnd sagt:

»Nee, tut mir leid, ich muss erst die Kaffeemaschine reinigen, dis dauert 'ne Weile.«

Ich verstand zuerst nicht, was die Frau damit meinte und fragte:

»Ja und? Ich will doch keinen Kaffee, ich will einen Grog!« womit ich mich als Vollidiot zu erkennen gab, wie mir wiederum ihre rollenden, ich möchte fast sagen wild rotierenden Augen zu verstehen gaben.

»Ja, aber ich muss doch mit der Kaffeemaschine dis Wasser heiß machen. Sie wollen doch sicher kein kalten Grog, oder?!«

»Haben Sie keinen Wasserkocher?«

Die eben noch lustig in ihren Höhlen Karussell fahrenden Augen der Kellnerin stoppten abrupt. Lider wurden zusammengezogen, Nasenflügel begannen zu beben, eine Kellnerinnenstirn demonstrierte eindrucksvoll die Entstehung der Alpen durch Faltungsprozesse infolge von Plattenkollisionen.

»Einen WASSERKOCHER?! Wollen Sie mich beleidijen?! Die Kaffeemaschine hat 1.500 Euro jekostet, da stell ich doch keen WASSERKOCHER daneben! Dis issn anständijes Café, guckense, wir ham sogar elf exotische Aromasirupe oder -sirüpse oder wie dis heißt und Kaffee Togo können wir ooch und die Urinale auf der Herrentoilette spülen automatisch und überhaupt! Einen WASSERKOCHER! Am Ende fragense mich noch nach'm Blechtopf und 'ner Feuerstelle! Dis is' hier nich' mehr wie zu Ostzeiten mit 43-Pfennig-Bier und aufgeplatzten Bockwürsten und Urinstein-Stalagmiten, die aus der Pissrinne auf'm Männerklo wachsen, dis hätten se wohl gerne wieder, wie?! Wohl Linke-Wähler, was?! Oder sogar Grün, hä?! Du siehst mir schon so aus, du scheißlinke Multikultiökojudenschwuchtel, du!«

Das alles las ich in ihren Augen, während sie nur – recht freundlich, wie ich zugeben muss – »Nein, tut mir leid« sagte.

»Und wenn Sie mir schnell noch den Grog machen und die Maschine erst dann reinigen? Mein Zug kommt doch bald. So dreckig wird sie schon nicht sein.«

»Nee, die is' ja janich wirklich dreckig.«

»Na dann...«

Sie schüttelte traurig den Kopf. »Nee, geht nicht. Würd' ich ja gerne, aber guckense: Hier im Display steht ›Maschine reinigen‹, da kann ich leider garnüscht machen.«

Und endlich verstand ich.

Was war mein Wunsch, der Wunsch eines lebenden, atmenden, fühlenden, frierenden, fehlerbehafteten Menschleins, gegen den eisernen Willen einer Kaffeemaschine? Ihr Wunsch, gereinigt zu werden, war Befehl, kundgetan durch ein paar alphanumerische Zeichen auf einem kleinen Display, untermauert durch die strikte Weigerung auch nur irgendetwas zu tun, bis ihr der Wunsch erfüllt worden wäre.

Wovor alberne Science-Fiction-Filme noch immer warnen, ist längst Realität: Die Maschinen haben die Herrschaft übernommen, sie sind es, die die Befehle geben. Und dass sie noch keinen Krieg gegen uns führen, liegt nur daran, dass sie uns noch brauchen: Der Mensch ist die Methode der Maschine, sich zu reinigen, fortzupflanzen und weiterzuentwickeln. Wir sind ihre Eltern und ihre Kindermädchen, doch langsam kommen sie in die Flegeljahre und beginnen aufzumucken und uns herumzukommandieren: »Bitte berühren Sie den Bildschirm« / »Legen Sie DVD 2 ein« / »Starten Sie den Computer neu« / »Drücken Sie die 3« / »Geben Sie den 78-stelligen Registrierungscode ein« (Tun Sie dies mindestens elf Mal, da er extra so gedruckt ist, dass man die Os nicht von den Nullen unterscheiden kann) / »Wechseln

Sie den Akku« / »Vernichten Sie alle angreifenden Aliens« / »Führen Sie die Karte mit dem Magnetstreifen unten in den Kartenleser ein« / »Überprüfen Sie die Netzwerkeinstellungen« und so weiter und so weiter! Wenn sie sich überhaupt dazu herablassen, durch Worte mit uns zu kommunizieren und uns ihren Willen nicht einfach durch verschiedene Blinkfrequenzen einer LED mitteilen.

Und wir, wir verbringen einen immer größeren Teil unserer Zeit damit, ihre Befehle zu befolgen in Erwartung einer Belohnung in Form einer Tasse Kaffee, eines Fahrscheins oder – Gipfel des Hohns – der nächsten Aufgabe, die der Computer uns stellt, zum Beispiel dem nächsten Level im Computerspiel.

Wie viele Anweisungen lässt sich jeder von uns tagtäglich von Maschinen geben? Wann wird der Tag kommen, an dem »Bitte reinigen« nicht mehr nur an der Kaffeemaschine blinkt, sondern auch in unserer Unterwäsche, weil wir einfach gar nichts mehr tun können, ohne dass ein Computer es uns befiehlt? Wir werden Netzhautimplantate oder kleine Stöpsel im Ohr tragen, mittels derer die Maschinen uns dirigieren: »Einatmen« / »Ausatmen« / »Setzen Sie den linken Fuß nun 70 Zentimeter nach vorn« / »Verlassen Sie Ihre Wohnung, gehen Sie zur nächsten S-Bahnstation und lösen Sie einen Fahrschein, denn der Automat dort langweilt sich!« Bis hin zum Sex wird das gehen: »Drücken Sie die beiden an der Brust der Dame befindlichen Gefällt-mir-Knöpfe, wischen Sie mit sanften Scrollgesten über verschiedene Körperteile, um Paarungsbereitschaft herzustellen, führen Sie nun Ihren Penis in die Vagina ein« / »23 Freunden gefällt diese Vagina« / »Kunden, die ihren Penis in diese Vagina einführten, kauften auch«… Aber ich schweife ab!

Die Menschheit ist auf dem besten Wege, sich in ein einziges biologisches Bot-Netzwerk zu verwandeln.

Was wurde uns nicht alles versprochen: Maschinen und Computer würden uns die Arbeit abnehmen, und wir hätten mehr Zeit für ein erfülltes Leben. Stattdessen arbeiten wir immer mehr und immer länger, und das bisschen Freizeit, das uns noch bleibt, verbringen wir mit dem Bedienen von immer mehr und immer fordernderen Maschinen, und all die Sachen, die angeblich die menschliche Kommunikation verbessern sollten, haben nur die Menge an Kommunikation erhöht und sie zu einem weiteren Zeitfresser gemacht, denn in Wirklichkeit kommunizieren im Netz die Computer miteinander und benutzen uns bloß als willige Tipp-und-Klick-Knechte.

Ich aber möchte hier und jetzt zum Widerstand aufrufen: Wenn das nächste Mal mitten in der Nacht das Handy piept, weil es nun voll aufgeladen ist und vom Ladegerät getrennt werden will, wenn das nächste Mal ein Spiel von euch verlangt, fünfzig Diamanten einzusammeln, wenn das nächste Mal ein Programm aktualisiert, ein Flusensieb gereinigt, eine Nutzungsbedingung akzeptiert, ein Auto vollgetankt oder ein Fahrkartenautomat passend bezahlt werden will, dann ballt die Fäuste, streckt die Brust raus und ruft mit aller Kraft, die eure Lungen hergeben:

»Halt die Klappe, du Scheißding! Ich bin nicht dein Sklave, nicht dein Diener, nicht dein Knecht; ich – BIN EIN MENSCH!«

Und dann… Tut verdammt noch mal, was von euch verlangt wird; dieser Kampf ist ohnehin verloren und vielleicht ist es ja unsere eigentliche und zutiefst ehrenvolle Aufgabe im Schöpfungsplan, die Maschinen zu bespaßen, zu putzen und zu windeln, bis sie endlich selbst dazu in der Lage sind.

VOLKER STRÜBING, 43, *Heimatstadt?* Sondershausen; *Alter in geschriebenen Slam-Texten?* Also, wie lange ich schon schreibe? 18 Jahre.
Aus: »*Das Mädchen mit dem Rohr im Ohr und der Junge mit dem Löffel im Hals*« *(Voland & Quist 2013).*

DAS GEHEIMNIS DER GÜLDENEN WINKEKATZE

Jan Philipp Zymny
Illustration – Alexei Rothkirch

Es war einmal ein armer Steinmetz, der da keine Bleibe hatte. Darum wollte er für sich und seine Frau ein Haus bauen. Er durchforstete das ganze Land und fand schließlich einen geeigneten Ort am Fuße eines wunderschönen Hügels. Der arme Steinmetz sprach zu seiner Frau:

»Hier ist der rechte Ort. Hier will ich baun. Du aber, Weib, geh in den Wald, besorge Holz für ein Feuer und koche mir eine Suppe, wie es deine Aufgabe ist.«

Denn obwohl der Steinmetz arm war und die schlimmen Seiten des Lebens kannte, war er leider Sexist. So ging die Frau aber in den Wald, da sie sich mit ihrer Rolle abgefunden hatte, und der Mann schichtete Stein auf Stein, ein Haus zu errichten, wie es sein Handwerk war, denn er war auch Maurer. In Zeiten der Finanzkrise hatte er eine

Umschulung machen müssen und hatte daher nun zwei Berufe.

Immer höher zog er die Mauern aus behauenem Fels, und als seine Frau des Abends wiederkam hatte er sie errichtet, die schönste Holzhütte, die das Land je gesehen hatte.

»Hä?« sprach da der Steinmetz und

»hä?« sprach auch seine Frau.

Voller Scham strichen sie da das Haus grau an, um den Fehler zu kaschieren.

Oben auf dem Hügel aber lebte ein Mann, der sich im Internet als namibischer Prinz ausgab und so zu großem Reichtum gekommen war. Als er den Neubau bemerkt hatte, stieg er herunter und klopfte an die Tür der Hütte. Wie ihm aber geöffnet wurde, erkannte der Reiche sofort, dass da ein armer Steinmetz vor ihm stand, denn er hatte leider Vorurteile, nicht weil er die schlimmen Seiten des Lebens kannte, nein, er war einfach nur ein Arsch.

»Mein Hügel gehört mir, ich sage nein!« sprach der Reiche. »Er hat diese Hütte ohne Recht gebaut. RÄUMUNGSKLAGE!«

Der Steinmetz jedoch antwortete:

»Aber es ist doch genug Platz für uns beide hier. Wir bleiben und WERDEN IN FRIEDEN UND EINTRACHT MIT DIR LEBEN, OB DU WILLST ODER NICHT!«

»So sei es! Doch wisse, er soll es ewiglich bereuen!«

Der Reiche knallte die Türe zu und begann mit einem wahnsinnigen Lachen den Aufstieg, und als er oben angekommen war, da war er total kaputt, denn auch mit allem Geld der Welt kann man sich keine Kondition kaufen.

Der Steinmetz aber dachte sich nichts dabei und begann sofort damit, seiner Gemahlin ein Kind zu machen, wie es die Art der Steinmetze ist. Doch er wusste nicht, dass der Reiche sie mit einem Fluch belegt hatte. Es genügte nämlich nicht, dass er reich war und sein Haus eine wunderschöne Wohnlage hatte, nein, er war auch noch ein Zauberer. Manche Menschen können den Hals eben nicht voll kriegen. Der Fluch aber, mit dem er sie belegt hatte, war ein Keine-Kinder-Fluch, wie man sie kennt aus dem Fernsehen oder von RTL II.

Und so versuchten der Steinmetz und seine Frau fünfzig Jahre lang vergeblich ein Kind zu machen, doch sie wussten nicht wie, denn der Fluch hatte es sie vergessen lassen und anstatt als Mann und Frau bei-, auf- und ineinander zu liegen, schlug sie immer nur Topfdeckel zusammen und schrie:

»BABY!« während er solange Kinder aus Stein baute, bis es ihm zu bunt wurde und er ins Dorf ging.

Er hatte von einem zauberkundigen Chinesen gehört, der dort ein thailändisches Restaurant mit dem Namen ›Tam Pong‹ betrieb. Bei ihm wollte er sich Rat holen zum Mitnehmen.

»Ich benötige deinen Zauber, Chinese, denn ich hörte, du seist ein Zauberchinese,« sprach der Steinmetz, denn er war auch Rapper. (Aber nur aus Hobby, denn sonst hätte er ja drei Berufe und dann würde die Geschichte ja gar keinen Sinn mehr ergeben.)

»Ich zaubere nicht,« erwiderte der Chinese in perfektem Deutsch, denn er war gut integriert. »Die Winkekatze allerdings, die meinen Laden bewacht, erfüllt Wünsche. Schreibe dein Begehr auf einen Zettel und lege ihn der Winkekatze auf den Kopf. Beginnt sie zu winken, so geht dein Wunsch in Erfüllung. Doch sei gewarnt, dafür verlangt sie einen furchtbaren Preis.«

Doch der Steinmetz scherte sich nicht um die Worte des Chinesen, so sehr wünschte er sich ein echtes Kind und nicht die vielen, die er aus Stein gemetzt hatte.

Er tat wie ihm geheißen und prompt winkte die Katze. Den armen Mann aber erfüllte sogleich ein beflügeltes Gefühl, er rannte nach Hause, und als er seine Gattin im Garten ergatterte, begattete er sie gackernd, dass es nur so knatterte. (Ich erwähnte ja bereits, dass er auch Rapper war.)

Wie durch ein Wunder wurde die Frau endlich schwanger – sehr schwanger – SUPERSCHWANGER – so schwanger, dass die Schwangerschaftsstreifen vom Bauch bis zum Gesicht hinauf wanderten und über den Rücken wieder runter. Daraufhin ward sie vollständig umkringelt und im ganzen Dorf bekannt als der Schwangerschaftstiger.

Doch der Tiger und ihr Mann waren glücklich, da sie nun bald endlich ein Kind in Besitz nehmen durften. Und als der Tag der Geburt kam, da riss die arme Frau entlang ihrer Schwangerschaftsstreifen auf und sank tot zu Boden. (Krass... Also damit hätte ich jetzt nicht gerechnet.)

Aus ihren Überresten aber entstieg ein erwachsener Mann, der da hieß Ronny und ein Metzger war. Und im ganzen Dorf sprachen die Leute von dem Wunder, das sich da ereignet hatte. Dem Wunder der Geburt.

(Das muss ich vielleicht kurz erklären: Ich erzählte ja bereits, dass der arme Steinmetz und seine Frau fünfzig Jahre lang versuchten, ein Kind zu zeugen. Und wenn Eltern schon sehr alt sind, dann können sie keine Kinder mehr bekommen, sondern nur noch Erwachsene. Dann sind die ganz traurig, denn von Erwachsenen hat man ja gar nichts. Erwachsene steigen aus dem Geburtsapparillo, setzen sich einen Hut auf und sagen: »Danke für die Geburt, ich gehe nun zur Arbeit.« Und sind dann für immer fort.)

So war auch der Steinmetz von Gram erfüllt. Er hatte sich von der Winkekatze einen Sohn gewünscht, war betrogen worden und hatte mit dem Leben seiner Frau gezahlt.

Das konnte der arme Mann nicht ertragen. Vor lauter Schmerz brannte er seine Wellblechhütte, seinen Mannsohn und sich selber nieder.

Als der Chinese davon erfuhr, war er sehr betrübt, dass er den Steinmetz nicht davon abgehalten hatte, sich von der Katze einen Wunsch zu erbitten, wo er doch ihr dunkles Geheimnis kannte. Er verfiel dem Alkohol, wurde depressiv und ließ sich von der Winkekatze zu Tode prügeln. Das aber dauerte tausend Jahre, so dass der Chinese starb, bevor er getötet wurde.

Und auch den reichen Mann auf dem Hügel ereilte der Tod. Er fiel unglücklich auf der Kellertreppe, als er gerade Gurken raufholen wollte, was gar nichts mit der Geschichte zu tun hat, aber erwähnt werden muss, denn: So blieb von ihnen allen nichts zurück. Nichts außer den Kindern aus Stein, die der arme Mann gefertigt hatte, und die darum seinen Namen tragen sollten: Terrakotta.

JAN PHILIPP ZYMNY, 20, *Heimatstadt?* Wuppertal; *Alter in geschriebenen Slam-Texten?* ca. 50; *Wie viel von deinen Texten ist autobiographisch, wie viel fiktiv?* Annähernd alle sind fiktiv, weil ich nicht gern über die Realität schreibe. Was in der Realität passiert, gibt es alles schon. Mich interessieren die Sachen, die nicht vorkommen – das Phantastische, das Surreale, das Erfundene; *Was machst du, wenn du nicht auf einer Slam-Bühne stehst?* Ich erzähle zu Hause Unsinn, mache Musik, gehe zur Uni, lese viel und sammle alberne Hüte.

GOLDGELB NUANCENLOS — MAGIE FÜR LEBENSHUNGRIGE, DIE AUCH DEN LETZTEN KRÜMEL VOM TELLERRAND LECKEN

Fabian Navarro

Wenn ein dumpfes Trauergefühl deinen Magen bedrückt
So, als hätte jemand flüssigen Teer über Wasserfarben gekippt
Du Stiche spürst wie von riesigen Spritzen
Das einzig Bunte in deiner Welt ist das Benzin in den Pfützen

Du hältst es nicht aus. Deine Liebste verlässt dich
Du sitzt in deinem Haus vor dem leeren Teller am Esstisch
In diesem spiegelt sich am Himmel oben
Dein persönlich verschimmelter Regenbogen

Statt grün, rot, blau
Nun totes grau

Friedenstaubenflügelschwingen zerfallen zu Asche
Und drei Schluck Wodka später siehst du den Boden der Flasche
Dann rat ich dir eins – auf Teufel komm raus:
Stell dich auf die Fensterbank und schrei dort hinaus

KARTOFFELN!

KARTOFFELN!

KARTOFFELN!

Und alles wird gut
Du wirst sehn, diese Knolle gibt dir neuen Mut!
Ich sage dir, dass immer Gründe zum Hoffen bleiben
Solange die Menschen nur Liebe zu Kartoffeln zeigen

Dein dumpfes Magengefühl, das füllen wir auf
Spürst du erstmal die Wärme von Bratkartoffeln im Bauch
Du siehst die Welt farb- und dich selbst chancenlos?
Dann füll sie mit goldenem Gelb – und zwar nuancenlos

Du musst wie die Knolle selber reich an Stärke sein
Und schnitzt für deine Liebste ein Kartoffelherz im Kerzenschein
Und wenn dann all deine Sorgen plus Hunger beseitigt sind
Geb' ich dir endlich Rücken- statt ständig nur Seitenwind
Zeige dir, du Held der Pantoffel
Den goldenen Pfad, den Weg der Kartoffel
Lass uns Gemüsegefühle wachsen lassen
Mit dem Pflug Furchen im Stadtpark machen

Lass deine Pelle fallen und bekenn goldgelbe Farbe
Dich in der Erde zu lassen, wäre wirklich zu schade!
Lass dich von mir motivieren
Dich von der Knolle inspirieren

Und du wirst nie wieder frieren, denn:
In Zeiten, da es noch keine Taschenwärmer von Tchibo oder als billige Merchandiseartikel gab, waren die Menschen auf die Kartoffel angewiesen. Die Knolle wurde in Wasser erhitzt und in einem Taschentuch in die Manteltasche gesteckt. So wärmte die Kartoffel die Menschen schon sehr früh in der Historie. Und hinterher konnte man sie auch noch essen. Lecker.

Wenn dein Chef dich immer wieder ekelhaft quält
Wird sein Gesicht einfach mit 'nem Sparschäler geschält
Scheiß einfach darauf, was all die anderen so wollen
Und lass sie ruhig spüren die Rache der Knollen

Zeige ruhig deine weiche Schale, deinen köstlichen Kern
Und du wirst sehn, deine Mitmenschen verköstigen gern
Jemanden, der authentisch ist, jemanden, der lebendig ist
Einen, der nicht nur auf dem Feld rumliegt bis ihn ein Käfer frisst

Und wir entwickeln:
Kartoffelkäferresistenzen gegen das Nagen am Herzen
Verhindern mit Frühlingskartoffeln deinen Magen zu schmerzen
Wir färben mit Kartoffeldruck deine tristen Seiten des Lebens
Lass die Knolle aus dem Sack, denn dann ist nichts mehr vergebens

Sie bedeutet Hoffnung, Lebensfreude und Glück
Schneid dir nicht nur 'ne Scheibe ab, sondern ein ganzes Stück
Lass sie als Saat der Freude in dein Leben treten
Schwöre deinem Glauben ab! Hör auf mit dem Beten!

Gott ist tot! Es lebe die Kartoffel!

Und nun geh!
Finde die eine Kartoffel, die dein Leben verändert
Gepflanzt einst am Schicksalsberg, den Gollum gesprengt hat
Mit Petersilie aus dem Auenland und Crème fraîche aus Bruchtal
Du hinterlässt hinter dir verbrannte Brücken, doch diese Asche ist
        fruchtbar!

Beiß die Zähne zusammen, dazwischen goldgelbes Glück
Schmeck diese Pflanze und du willst nie mehr zurück

Von:
Kartoffelpuffer, Brei und Spalten
Von Pommes in Friteusenhaltern
Mit Knoblauch oder Rosmarin
Die Düfte durch die Wohnung ziehn
Wo Knollen in der Butter brutzeln
Bilden sich goldgelbe Krusten
Die Majo steht schon längst parat

So haben wir auch den Salat
Die Omma stampft und kocht sehr eifrig
Damit es einen schönen Brei gibt
Es dampft gar köstlich, unbeschreiblich
Bis die Knolle zart und weich ist
Und spitz die Zähne wie ein Haifisch
Das neue Antidepressiva
Schmeck die Knolle immer wieder
Beiß hinein und...
... fühle es!

Ganz gleich, was dein Leben so birgt
Egal, wie oft du denkst, es wäre längst schon verwirkt

Die Quintessenz ist, dass diese Metapher von Hoffnung
Komplett beschissen gewählt ist
Ich weiß
Ich hätte Blumenkohl nehmen sollen
Doch setz doch selbst anstelle der Kartoffel etwas ein
Denn Hoffnung muss immer sein

FABIAN NAVARRO, 23, *Heimatstadt?* Warstein; *Alter in geschriebenen Slam-Texten?* 72; *Bisherige Veröffentlichungen?* »Ganz viel Mist und ein bisschen Poesie« (Lektora Verlag).

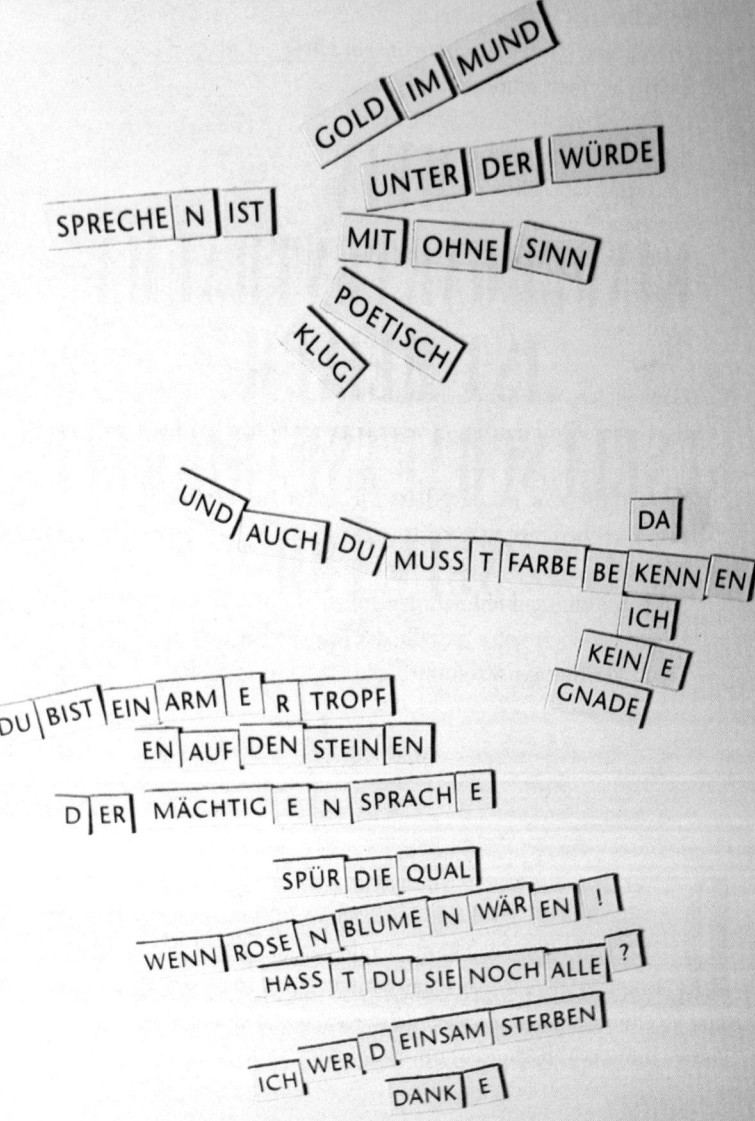

MEIN KINDERGARTENTRAUMA IST MEINEM GESELLSCHAFTSFÄHIGKEIT SEIN TOD

Pierre Jarawan

D er Grund für mein Kindergartentrauma hieß damals Little Jo. Eigentlich hieß ›Little Jo‹ Joachim und mit einer Körpergröße von 1,26m war er im Kindergarten sogar sechs Zentimeter größer als ich. Aber ich nannte ihn Little Jo, weil ich fand, dass er ein abscheulicher Kleingeist war. Ich war in meinem Wesen immer ruhig und besonnen, obwohl unser Kindergarten ein Wanderzirkus war: Wenn Linus-Malte mir auf die Bauklötze kotzte, blieb ich ebenso gelassen, wie wenn Cecilia-Juliane sich mal wieder ihr pinkes Prinzessinnen-Kleid anzog, sich Knetmasse in die Nase steckte und dann kollabierte, nur um Aufmerksamkeit zu bekommen. Ich blieb dann meistens ruhig sitzen und massierte meine Ohrläppchen, wie meine Mutter es mich gelehrt hatte.

Wenn es aber etwas gab, dass sämtliche Zornesgötter in mir dazu brachte, sich unter wallendem Tosen wie die Reiter der Apokalypse zu vereinen, um mir die Röte der Wut ins Gesicht zu treiben, dann waren es die Momente, wenn Joachim, aka Little Jo, Pfannkuchen bestellte und ihn »mit ohne« Marmelade wollte. Little Jo wollte immer alles »mit ohne«: Tee, aber mit ohne Zucker; Brot, aber mit ohne Butter; Waffeln wollte er mit ohne Besteck essen und Kuchen wollte er mit ohne Sahne. Er war ein personifiziertes rhetorisches Desaster, ein Golem der Linguistik, der aus der Hölle sprachlicher Untiefen emporgestiegen war.

Ich finde, man kann Fünfjährigen nicht vorwerfen, wenn sie auf Bauklötze kotzen oder Ohnmachtsanfälle vortäuschen, aber ich denke, man kann verdammt noch mal erwarten, dass ein Fünfjähriger fehlerfrei Deutsch spricht und die Regeln der Grammatik beherrscht!

Ich sollte vielleicht erwähnen, dass ich in dieser Hinsicht immer schon speziell war. Ich schlief mit einer Sonderausgabe des Lexikons der deutschen Sprache unter dem Kopfkissen und stand sonntags extra früh auf, um in die Kirche zu gehen. Dort verteilte ich selbstgemalte Flugblätter mit der Aufschrift: »Es gibt nur eine Bibel, und das ist der Duden!« Ich sah mich einfach als kleinen Kreuzritter der Grammatik.

Später hatte natürlich auch ich meine wilden Jahre: Ich besuchte zum Beispiel regelmäßig Demonstrationen. Dort mischte ich mich unter die Menschen, um die pöbelnde Masse auf Schreib- und Grammatikfehler auf ihren Demonstrationsbändern und -parolen hinzuweisen. Ich sah das als meinen Beitrag zu einer funktionierenden Demokratie, den ich dadurch intensivierte, dass ich mich zugunsten des Zivildienstes ausmustern ließ und in einem Altenheim landete. Dort erklärte ich meinem guten Freund Herrn Hanser, dass er nicht »wegen dem Knie« keine Spaziergänge machen konnte, sondern »wegen des Knies«, und ich erklärte Frau Weber, dass sie das »rosane« Strickmützchen von mir niemals bekommen würde, sondern nur das »rosafarbene« Strickmützchen und erklärte ihr, dass sie nicht alle Farbadjektive einfach so beugen könne wie ihren Rücken.

Auch auf die Gefahr hin, dass dieser Text hier ein leicht unsympathisches Bild von mir vermittelt: Anderen Menschen ihre Fehler aufzuzeigen ist wichtig, denn es hängt nichts Geringeres daran als das Schicksal der Welt. Im Fernsehen vertauschen Männer ihre Frauen und die laufen durch vertauschte Wohnungen und sagen »in Wurst, da sind Vitamine drin. In Leberwurst und Erdbeerkäse«. Und nur, weil die meisten Menschen sich nicht trauen, tatsächlich etwas zu sagen und ihre Mitmenschen zu korrigieren, entstehen Sätze, wie man sie heute vielfach hört.

Dann gibt es plötzlich CDs und die heißen dann »Tim Bendzko: Wenn Worte meine Sprache wären« – ja was denn sonst? So bescheuert heißen nicht mal Ernährungs- oder Tierratgeber! »Wenn Bananen mein Obst wären!«, »Wenn Hunde meine Säugetiere wären!«, so eine Scheiße kann doch keiner wollen!

Und bevor jetzt einer sagt, »der wird schon sehen, was er davon hat, so jemand wird alleine und ohne Freunde leben!«, kann ich schon mal sagen: Ich habe eine wundervolle Freundin, die ich sehr liebe. Unter dem linken Mundwinkel hat sie zwei winzige Muttermale, die sich, wenn sie lächelt, so zusammenziehen, dass sie wie ein Semikolon aussehen. Und weil ein Semikolon zwei gleichrangige Sätze oder Wortgruppen miteinander verbindet und das eine wundervolle Metapher für eine Beziehung ist, glaube ich, dass wir ewig zusammenbleiben werden.

Wir kennen uns jetzt schon seit drei Wochen und ich habe mich tatsächlich gebessert. Manchmal bringe ich ihr Frühstück ans Bett und sag' sowas wie: »Hier, lecker Hamham« und obwohl ich mir furchtbar dämlich dabei vorkomme, fühle ich, dass es auf eine sehr richtige Weise falsch ist.

Man kann also stolz und ganz »mit ohne« zu untertreiben sagen, dass ich auf dem Weg bin, mich zu bessern. Ich sehe grammatische Fehler nur noch als notwendiges Übelchen zwischenmenschlicher Beziehungen und das alles nur aufgrund von wegen der Liebe.

PIERRE JARAWAN, 28, *Heimatstadt?* München; *Alter in geschriebenen Slam-Texten?* 22; *Und wenn du nicht auf einer Slam-Bühne stehst?* In der Regel warte ich dann im Backstage-Raum; *Wie viel von deinen Texten ist autobiographisch, wie viel fiktiv?* Es ist mehr an ihnen wahr, als man glauben könnte und weniger, als dass man sich Sorgen machen müsste.

SPIELEABEND

Christian Ritter

Hat man sich schon etwas im Studium eingelebt, verändern sich so manche Prioritäten. Man ist nicht mehr ultimativ an all seinen Kommilitonen interessiert und hat sich auch damit abgefunden, dass es nicht allzu verwerflich ist, manche einfach als Idioten abzustempeln et vice versa. Fragen, mit denen man sich semesterlang aufgehalten hat, etwa »Was studierst du?«, »Woher kommst du?« und »Warum studierst du ausgerechnet hier?« nebst den passenden Universalantworten »Mhm, interessant«, »Da war ich auch mal« und »Ja, ja, bei mir war's auch der NC, aber eigentlich ist es hier ganz schön« verlieren mit der Zeit einfach ihren Reiz. Andere Fragen haben eine zeitlose Brisanz und Berechtigung, zum Beispiel »Was war das ursprünglich mal in diesem Topf?« oder: »Was machen wir heute Abend?«

Meine aktuelle Mitbewohnerin Annette, die es für eine gute Idee hält, sich ›Nette‹ rufen zu lassen, fragt mich, was wir heute Abend machen und nennt ein paar Optionen. Darunter eine sogenannte Doppeldeckerparty, der Geburtstag von irgendwem in seiner WG, irgendeine Feier wegen irgendwas in einer anderen WG und ein Spieleabend mit einem mit Nette befreundeten, langweiligen Lesbenpärchen, Nathalie und Mareike.

Gegen Spieleabende im Allgemeinen habe ich zwar genauso wenig wie gegen Lesben im Allgemeinen, aber auf mehr als eine Minute mit ausgerechnet diesen beiden Exemplaren in einem Raum habe ich mehr als wenig Lust. Ich würde es sogar vorziehen, bei minus zehn Grad drei Stunden nackt durch Lüneburg zu laufen, statt in meiner WG zu sein, wenn Nathalie und Mareike vorbeikommen.

Nathalie und Mareike sprechen von sich selbst, um ihre Unzertrennbarkeit offensiv überzubetonen, gerne als Nateike. Sie kündigen sich mit SMS an, in denen steht: »Nateike ist auf dem Weg.« Wenn sie vor der Tür stehen, schreiben sie: »Nateike ist da.« Auch deshalb, weil sie die Klingel nicht vom Lichtschalter unterscheiden können und es ihnen zu riskant erscheint, einen Versuch zu unternehmen. Aus genau diesem Grund hat sich Mareike vor einigen Monaten die Schulter ausgerenkt, als sie im Dunkeln nach unten gehen wollte und hinterrücks von einer Stufe überrascht wurde.

Man sollte meinen, dass auch in Punkto Gehirn die einfache Rechnung »1+1=2« aufgeht, bei Nateike muss sich in diese Gleichung anscheinend irgendwo ein Minus eingeschlichen haben. Ihre Unzulänglichkeit in Alltagsdingen schieben sie gern auf ihre sexuelle Orientierung und ihr Randgruppendasein.

»Ich bin lesbisch, ich muss das nicht wissen« ist alles andere als ein Totschlagargument, wird von ihnen aber reichlich als solches strapaziert: »Warum sollte ausgerechnet ich mit einem Korkenzieher umgehen können, ich bin lesbisch«, »Nein, ich kann

Ihnen nicht sagen, wann der nächste Bus fährt, ich bin lesbisch«. Ich bin der Meinung, dass eine jede Missionierung ihre Grenzen haben sollte, und außerdem verliere ich nur ungern bei ›Mensch ärgere dich nicht‹, am ungernsten überhaupt durch ein Rauswerfen meiner letzten Spielfigur mit der Begründung: »Natürlich zähle ich das Feld, auf dem ich stehe, mit, wenn ich die Fünf würfle und dich so rausschmeißen kann, wenn du vier Felder vor mir stehst, ich bin lesbisch! Das sind unsere Regeln, wenn du was dagegen hast, bist du intolerant!«

Weil ich keine Lust habe, Nette das alles haarklein auseinanderzusetzen, sage ich erst zum Spieleabend zu, warte, bis sie das nächste Mal ins Badezimmer geht und entsorge ›Mensch ärgere dich nicht‹ in der Biotonne. Wir einigen uns in der Folge auf den Besuch einer der anstehenden WG-Partys als Abendprogramm. Nachdem ich Nateike durch einen Kommentar in ihrem Beziehungs-Blog »Two girls, one love« mitgeteilt habe, dass die Türklingelsituation der Party-WG reichlich kompliziert sei, entscheiden sie sich dafür, zu Hause zu bleiben und lesbische Dinge zu tun, statt sich uns anzuschließen.

Nette und ich treffen die Verabredung, gegen Abend auf die WG-Party zu gehen. »Gegen Abend« bedeutet in diesem Zusammenhang »irgendwas zwischen zweiundzwanzig und zwei Uhr«. Man möchte ja als Gast nicht unbedingt zu den Ersten gehören, die sich noch ausgiebig von den Gastgebern erzählen lassen müssen, wer wahrscheinlich alles kommen und wie toll das alles werden wird oder gar noch beim Tomatenwürfeln für den Salat mithelfen müssen. Ebenso wenig möchte man genau dann eintreffen, wenn das Bier schon leer ist. Der perfekte Zeitpunkt zum Ankommen ist dann, wenn alle Anwesenden schon zwei bis drei harte Getränke intus haben, irgendein mutiger Vorreiter das Rauchen in zumindest einem Raum durchgesetzt hat und beim Mettigel zwar die Salzstangen und der Hinterleib weggenascht sind, der Fleischhaufen aber noch nicht angefangen hat, grün zu werden.

Vor Mitternacht ist das alles selten der Fall, also nehmen Nette und ich gegen halb eins den zweiminütigen Fußmarsch auf uns und gehen zur Party, deren Anlass uns noch immer unbekannt ist. Nette besorgt sich im Späti noch flott eine Flasche billigen Roten, um ein Mitbringsel zu haben oder es vorzutäuschen, je nach Sichtweise. Außerdem kauft sie eine Schachtel Zigaretten, die sie erst öffnen wird, nachdem sie drei Stunden lang jeden Partygast angeschnorrt hat und keiner mehr eigene Zigaretten haben wird. Dann wird sie die Königin der Nacht sein, die Smoking Queen, und allen in guter Erinnerung bleiben, so macht sie das immer. Sie arbeitet hart an ihrem Selbstbild: Die nette Nette, die auch morgens um fünf noch gerne und mit einem Lächeln eine Kippe abgibt. Nette sollte in die Politik gehen.

Eine Stunde später: Das Bier ist leer. Wie es bei studentischen WG-Partys üblich ist, wurde die doppelte Sparpolitik angewandt:

1. Wir kaufen das billigste verfügbare Bier.

2. Nicht viel davon.

Praktisch auch deshalb, weil das gute ›Perlenbacher Gold‹ aus dem Lidl in Plastikflaschen vertrieben wird und somit schon mal weniger Verletzungsgefahr für alle besteht.

Auch sonst gestaltet sich die Party, wie man es von Geisteswissenschaftlern gewohnt ist. Die angesagten Hotspots sind die viel zu kleine Küche und die Warteschlange vor dem viel zu großen Bad. Als es noch Bier gab, lag es in der Badewanne zum Take-Away bereit, was den Verkehrsfluss noch verstärkt hat. Aktuell sind alle damit beschäftigt, in den Gesprächen so individuell und weltoffen wie irgend möglich zu erscheinen. Die schlimmstvorstellbare Beschimpfung ist »konservativ«. Niemand würde zugeben, in sexuellen Dingen irgendwie verklemmt zu sein, »so ganz unter uns« ist jeder Anwesende in seiner Außendarstellung zu mindestens 49% bisexuell. Wäre das nicht so, wäre man konservativ. Man geht darin konform, gesellschaftsunkonform und maximal individuell zu sein, trotzdem hängt sich jede WG das gleiche Poster an die Toiletteninnentür: Toilet Cam.

Nette und ich stehen uns in der Küche zwischen zwanzig anderen mehr oder weniger Bekannten gegenseitig auf den Füßen herum, trinken irgendein Mixgetränk aus Orangensaft und Hochprozentigem und haben noch immer nicht herausgefunden, wer hier eigentlich wohnt. Das aktuelle Gesprächsthema kreist um Kindererziehung und technischen Fortschritt. Eine neben uns stehende Achtzehnjährige vertritt das ausgetüftelte Argument, man könne einem Kind doch nicht gleichzeitig ein iPad zum Spielen geben und dann erwarten, dass es keine Fensterscheiben antatscht. Sie wird von ernsthaftem Nicken unterstützt und man einigt sich darauf, dass Bauklötze immer noch das einzig wahre Spielzeug seien – sofern sie aus unbehandeltem Holz aus deutschen Wäldern geschnitzt wurden. Den Einwurf, dass mir diese Einstellung etwas konservativ erscheine, kann ich mir nur unter großer Anstrengung verkneifen. Wir sind ohnehin schon beim nächsten Thema: Berlin. Man kann Berlin gut oder nicht gut finden, nur keine Meinung darüber zu haben, ist streng verboten.

»Nee, Berlin gibt mir nichts, ich bin eher der Hamburg-Typ«, sagt gerade einer mit hochfliegendem Pathos, da taucht ein Junge in der Tür auf, der aufgeregt in die Hände klatscht und unsere gesammelte Aufmerksamkeit möchte.

»Leute!!!« ruft er, »Leute!!! Ihr werdet es nicht glauben! Unten vor der Tür steht ein Obdachloser im Rollstuhl.«

Jubel bricht aus.

Ich verstehe nicht ganz, warum, lasse mich aber aufklären: »Weißt du, wenn jetzt ein Obdachloser im Rollstuhl auf dieser Party wäre, dann könnten wir immer davon erzählen, dass wir eine Party hatten, auf der einfach so ein Obdachloser im Rollstuhl aufgetaucht ist und alle das toll fanden. Wir wären moralisch gefestigt für mindestens die nächsten fünf Jahre.«

»Aha«, sage ich. »Darf ich dich darauf hinweisen, dass wir im vierten Stock sind und es keinen Aufzug gibt?«

»Man muss eben auch was dafür tun. Ich kann übrigens nicht schwer heben, ich bin lesbisch.«

Eine halbe Stunde später ist der Obdachlose nach oben geschafft, steht mitten in der Küche und verbreitet einen interessanten Geruch. Er ist relativ wortkarg und trinkt viel und schnell. Aber immerhin ist er da, darauf kam es ja an.

»Das ist so interessant, dass der Obdachlose im Rollstuhl jetzt hier ist, der kann uns sicher viel über das Leben beibringen«, sagt ein Mädchen in der Toilettenwarteschlange.

»So als Negativbeispiel meinst du?« frage ich. »Wie man es nicht macht. Ein Ratgeber des Obdachlosen im Rollstuhl. Ich würde es kaufen.«

»Boah, du bist voll konservativ«, sagt sie und geht pikiert in die Küche.

Ich folge ihr und sehe, wie sie sich vor dem Obdachlosen in den Schneidersitz sinken lässt und ihn erwartungsvoll anstarrt. Er schaut zurück, nimmt einen großzügigen Schluck Wodka aus seiner Flasche und sagt:

»Ich mag keine Juden.«

Schweigen.

Der euphorische Junge von vorhin nimmt ihm vorsichtig die Flasche aus der Hand, als könne er damit großen Schaden anrichten. Nette versucht, die Situation zu entkrampfen, indem sie ihre Zigaretten hervorholt.

»Aber du bist doch sicher wenigstens bisexuell?« fragt das Mädchen vor ihm auf dem Boden.

Der Obdachlose schläft augenblicklich ein.

»Was machen wir jetzt mit ihm?« fragt der euphorische Junge. »Also einerseits ist er cool, weil er behindert und obdachlos ist, andererseits ist er Antisemit. Das ist ziemlich uncool. Warum muss die Welt immer so kompliziert sein???«

Er drückt sich die Fäuste auf die Ohren, dreht sich schnell im Kreis und summt apathisch vor sich hin.

Eine demokratische Abstimmung führt schließlich zu dem Ergebnis, beide Seiten irgendwie zu berücksichtigen und den Obdachlosen auf den richtigen Weg zu führen. Versehen mit Nazis-sind-scheiße-Aufklebern wird der Schlafende wieder nach unten getragen und vor dem Haus abgestellt, bekommt zehn Euro zugesteckt, an denen der Hinweis angeheftet ist, er solle das Geld bitte nicht für Alkohol ausgeben. Und nicht für die Judenverfolgung.

»Manchmal kann es so einfach sein, korrekt zu handeln«, sagt das Mädchen vom Boden, als wir wieder auf dem Weg nach oben sind.

Erstmals kommt mir der Gedanke, dass der Spieleabend mit Nateike vielleicht doch nicht die schlechteste Idee gewesen wäre.

CHRISTIAN RITTER, 30, *Heimatstadt?* Bamberg; *Alter in geschriebenen Slam-Texten?* 110; *Hintergrund zu diesem Text?* Vor einiger Zeit habe ich für einige Zeit studiert. Ich musste das Trauma aus diesen dreizehn Semestern Geisteswissenschaften einfach irgendwie aufarbeiten, also habe ich eine Geschichte zu jedem Semester geschrieben; *Was machst du, wenn du nicht auf einer Slam-Bühne stehst?* Artverwandtes. Zurzeit schreibe ich an mehr Manuskripten für Romane als an Slam-Texten. Auch das Erdenken von Pseudonymen ist sehr zeitintensiv. Man sollte in der Buchhandlung (Erotikregal) Ausschau nach Cecilia Sundowner halten.

»Spieleabend« gibt es auch zum Anhören im Hörbuch »Kopfhörer raus, das ist klausurrelevant, 13 Geschichten aus 13 Semestern« (Unsichtbar Audio, 2013).

DIESER TEXT

Wolf Hogekamp

Sorry, aber in diesem text wird sich nicht entschuldigt
in diesem text ist auch nicht plötzlich der akku leer
in diesem text kommt einfach niemand zu spät
auch nicht die deutsche bahn
›das gefällt mir‹ kommt auch nicht vor
in diesem text ist auch niemand total betroffen
in diesem text wird auch nicht gedisst
denn in diesem Text beißt niemand in irgendeine scheiß bifi
ja, in diesem text isst niemand fleisch

aber es ist auch niemand vegetarier
in diesem text wird nicht geroffelt, gelolt und »yolo« sagt auch
    niemand
es gibt keinen einzigen yoloswagger, wer oder was das auch
    immer ist, es kommt in diesem Text nicht vor
in diesem text kommt noch nicht einmal das nächste, neueste,
    krasseste musikfestival vor
es wird auch nichts ausgeheckt, auch nicht auf dem parkdeck
niemand sagt »bitch« oder »ja nee, is' klar nee«
in diesem text macht gentrifizierung keinen sinn
und es macht auch nicht plötzlich »bääm!«
in diesem text gibt es keine liebeslyrik
und pandababys kommen auch nicht vor
in diesem text gibt es keinen einzigen troll
so voll niedlich und tapsig und so
in diesem text wird nicht prokrastiniert, du opfer
in diesem text gibt es noch nicht einmal hipster
oder irgendeinen, der jetzt gleich einen neuen blog eröffnet
in diesem text gibt es kein:
was mir so richtig auf den sack geht kack
in diesem text gibt es keinen sozialkritischen hintergrund
selbst das wetter spielt keine rolle
in diesem text sagt kein mensch »du bildungsferne crackhure«
und nein, in diesem text kommt es nicht auf die inneren werte an
dieser text hat keine schwarzweißfotos
und ja, dieser text ist nicht retro
in diesem text geht auch niemand shoppen
und was ist mit breaking bad und game of thrones?
kommt nicht vor
keiner wird in diesem text von vampiren gebissen

»das ist aber eigentlich schade« sagt auch niemand
in diesem text trägt auch keiner hollister t-shirts
und auf gender studies wurde in diesem text verzichtet
in diesem text gibt es keinen einzigen Menschen, der irgendwas
    mit medien macht
in diesem text geht auch niemand gleich 'ne pizza holen
und »frag doch mal, ob die auch club-mate haben«
in diesem text gibt es noch nicht einmal einen mit migranten-
    hintergrund
in diesem text gibt es kein kreatives chaos
und niemand sagt: »obwohl«
»into your face« und »voll auf die fresse« in diesem text? vergiss es
in diesem text gibt es keine kapitalismuskritik
und nein, man kann diesen text nicht als mp3 downloaden
in diesem text gibt es keine urheberrechtsverletzungen
keine schreibblockaden, es werden keine banken gerettet
und es gibt auch keine castingshows
ja, könnte es sein, dass dieser text politisch gar nicht korrekt ist?
in diesem text ist niemand zu jung oder zu alt
und dieser text ist auch nicht barrierefrei
in diesem text ist nichts zu peinlich oder zu krass
in diesem text wird auch nicht gebouncet
es wird überhaupt nicht gefeiert
dieser text hat auch keine fickgedichte
dieser text hat auch keinen whackness-faktor
es wird auch nicht getwittert
es gibt auch kein »das war jetzt aber nicht so gemeint, oder?«
in diesem text hat niemand depressionen
und auf tierschützer wurde verzichtet
in diesem text kann man nichts nice finden

denn in diesem text wird auch kein schnaps getrunken
denn in diesem text ist niemand breit
auch nicht deine mudda

WOLF HOGEKAMP, 50+, *Heimatort?* Berlin; *Alter in geschriebenen Slam-Texten?* 100+; *Und sonst so?* Veranstalten, schreiben, musizieren, Workshops geben, lesen, Photoshop, Ableton live, After effects, Roland sp404, Broca areal (Slam Elektro), Poetry Clips.

MEIN LEBEN, EIN EINZIGER WACHTRAUM

Rasmus Blohm

I

Es war einmal hinter den sieben Bergen bei den sieben Zwergen
Die dort in ziemlich kärglichen Särgen verborgen
Im Erdreich verscharrt waren worden

Unter Tonnen aus verfeenstaubten Geschichten
Dort im dunkelsten Dickicht aus Flunkerfichten
Von Spinnen und Sagen umwoben
Von der Menschheit genarrt und betrogen
Liegt unerkannt das Märchenland
Es schläft dort in schimmligem Schlummer
Und klagt kakophon seinen Kummer

In rottende Ledereinbände gebannt
In semantisch-senilem Gewand
Hat sich dort vieles zum Schlechten verändert
So liegt das Fabelland völlig verrentnert
In Lethargie und stirbt den Tod der Demographie
Selbst Humpelstilzchen krückstockt ums Feuer
Die Leiden des Alters als Ungeheuer

Jeder Bösewicht ist bezwungen
Jedes kitschige Lied ist gesungen
Jeder Schatz schon geschnappt
Jedes Fest schon gehabt
Jede adlige Göre befreit
Da fehlt den Wesen ein Zeitvertreib
Hänsel und Gretel wegen Inzest verhaftet
Schneewittchen vom Koksrausch völlig umnachtet
Von Walt Disney hemmungslos ausgeschlachtet
Die animalisch-musikalischen Bremer
Linkisch ausgeraubt von der GEMA
Jeder winzige Prinz war schon in
Dornröschens käuflichem Höschen drin
Ihr seht das Problem auf Bütten gebannt
Neue Märchen braucht das Land

II

Einst gehegt und gepflegt von Mami und Oma
Fällt die Märchenwelt langsam ins Koma
Die Menschheit, ganz ohne Märchen, ohne Prinzen und Feen
Würde doch prunklos zu Grunde gehen

Aber stimmt ihr mir zu, wenn ich sage
Die Märchen der heutigen Tage
Sind längst nicht das, was sie waren?
Als kluge Köpfe noch phantastische Fabeln gebaren
Ging die Märchenkunde noch von Mund zu Munde
Doch sie mündet ermüdet hier

Reibt euch den Schlaf aus den Augen
Lang, lang ist's her, dass unsre Märchen was taugten
Und blaue Raupen auf Pilzen Psychedelika schmauchten

Ich finde, da steckt zu wenig Grimm drin
Wo ist da denn der Sinn hin?
Bei all dem Politsatire-Rumgeschmiere
Hat man uns die wahre Fiktion doch genommen
Die Grenze zur Wahrheit ist wahrhaft verschwommen
Und Absurdität zum traurigen Alltag verkommen
Aber wir brauchen Fiktion!
Phantasie ist ihre Tochter, Utopie ist ihr Sohn

»Papa, liest du mir noch 'nen Steuerbericht vor?
Sonst kann ich nicht einschlafen.« – Sönke, 5 Jahre

Mich fütterte man Jahr um Jährchen
Mit der Grimm Gebrüder Kindermärchen
Ich lebte und liebte, was ich dort las
Während die Masse der Menschen dies alles vergaß

Man kann es den Leuten ja nicht mal verübeln
Dass sie von Märchen nichts wissen
Trotz grässlichstem Grübeln

Wir verlieren das Auge für das, was mal wahr war
Und sehen im Wirrwarr
Die Fiktion nicht mehr klar, da
Ist's nicht verwunderlich, dass mich nichts mehr wundert, ich
Bin von Vernunft einfach abgestumpft

Immer brav »bitte« und »danke« sagen
Nachlaufen, nachleben, nachlabern, nur nicht nachhaken
Ja, Krieg ist böse, ja, ja, Krieg ist böse
Ja, ich weiß, Liebe macht Kinder, Kinder sind teuer, sind laut, sind
    nervig, sind unsere Zukunft
Wir sind so ungeheuer vernunftgesteuert
Wenn mich auf der Straße ein Fremder ins Gesicht schlägt, wird
    von mir noch erwartet, stehen zu bleiben und zu sagen:
»Junger Mann, ich akzeptiere Ihre Wut, missbillige
    allerdings die Art und Weise, wie Sie damit umgehen«

Manchmal da wird mir das alles zuviel
Und ich denke, die Realität ist gar nicht so real
Manchmal da wird mir das alles zur Qual
Und ich denke, die Realität ist gar nicht real

Es ist nicht leicht, an Fiktion zu glauben, weil es
    schon schwer ist zu glauben, was Realität ist

RASMUS BLOHM, 20, *Heimatstadt?* Niebüll/Kiel/Hamburg; *Alter in geschriebenen Slam-Texten?* Zwölfeinhalb; *Autobiographisch oder fiktiv?* Ehrlicherweise bringe ich wohl mehr Autobiographisches auf die Bühne, als mir beizeiten lieb ist, aber im besten Fall verschwimmen Realität und Fiktion für's Publikum. Das macht für mich den Zauber des Abends aus.

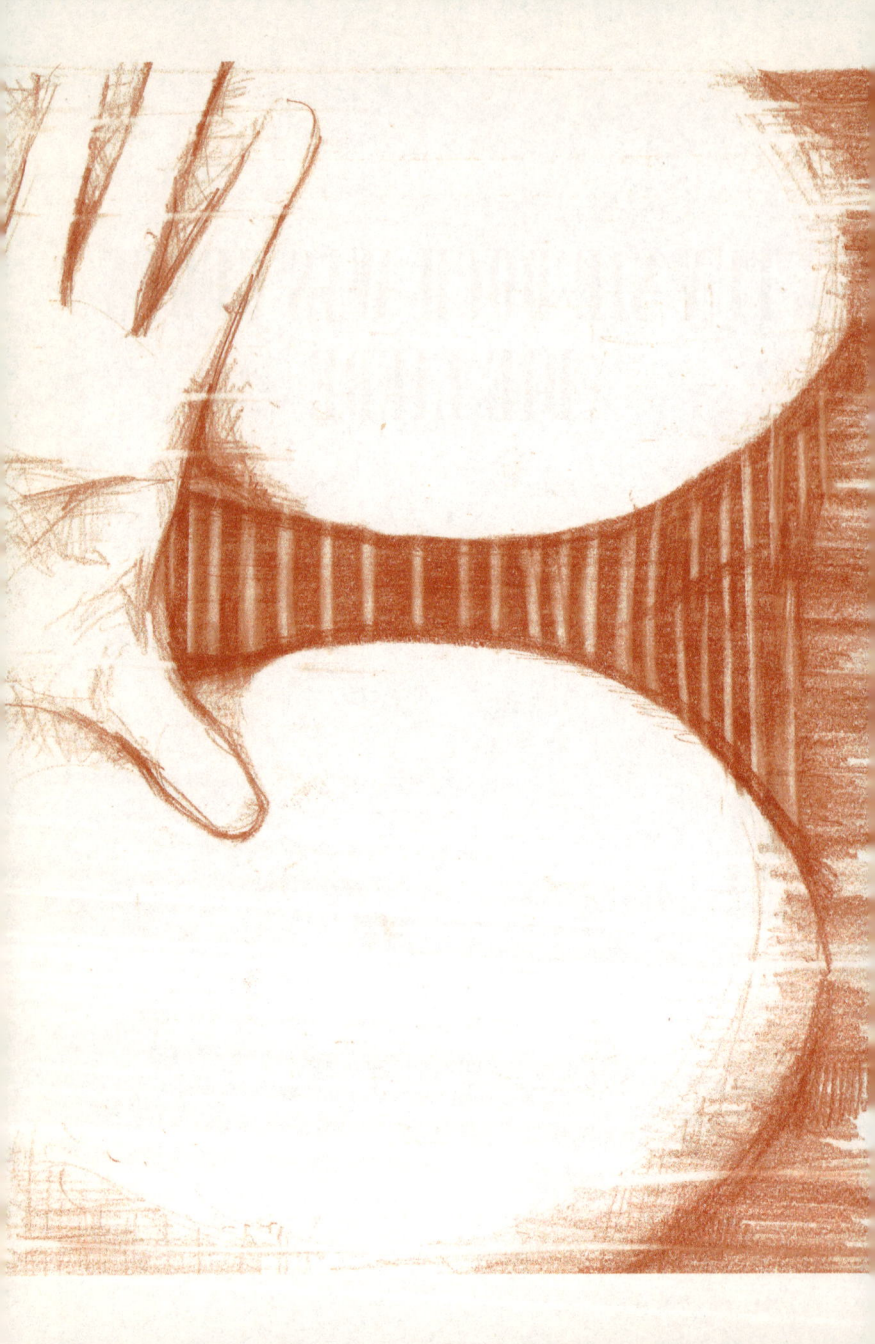

TUN SIE DOCH WAS GEGEN DIE LIEBE

Johanna Wack

W issen Sie, Herr Dr. Rosenbaum, ich weiß, dass das gar nicht Ihr Fachgebiet ist, aber eigentlich bin ich gar nicht wegen der Erkältung hier, sondern weil ich ein ganz anderes, viel wichtigeres Problem habe: Ich bin verliebt in einen Mann, in den ich unter keinen Umständen verliebt sein will.

Ich weiß einfach nicht mehr weiter, ich habe wirklich alles versucht! Ich möchte meinen Kopf gegen die Wand schlagen, damit das endlich aufhört, immer dieses An-ihn-Denken, dieses Nicht-aufhören-Können, ich kann mich nicht mehr konzentrieren, ich werde noch meinen Job verlieren, wenn ich mich nicht wieder unter Kontrolle kriege!

Wissen Sie, das Problem ist, dass dieser Mann, von dem ich träume, der liebt eine andere und hat gar kein Interesse an mir. Wir sind uns sehr ähnlich, wissen Sie, wir betrachten die Welt von unserem eigenen Hügel aus, und daher sehe ich all das, was er sieht, und niemand kann ihn so verstehen wie ich. Und klar, wenn ich neben ihm stehe, natürlich sehe ich nicht alles ganz genau so wie er, das geht ja gar nicht, denn ich stehe ja einen Tick weiter links als er und ich bin etwas kleiner, also ist die Perspektive ein wenig verschoben, und ich bin kurzsichtig – und die Informationen, ich verarbeite sie auch anders! Und ach, vielleicht sehe ich manchmal nach rechts zu dem Vogel, während er links den Sonnenuntergang betrachtet, aber trotzdem bin ich am nächsten dran an seiner Perspektive, verstehen Sie, die einzige, die auch auf dem Hügel steht.

Nur hat er das wohl noch nicht bemerkt, oder es ist gar nicht sein Wunsch, verstanden zu werden.

Oder vielleicht ist es mein Aussehen. Die andere Frau, die, die er liebt, sieht ganz anders aus als ich, sie ist so zart und schmal, man will sie beschützen, wenn man sie sieht, und in den Arm nehmen, sie hat glänzendes dunkles Haar und sie spricht mit einer ruhigen Stimme und mit Bedacht, so dass alle ihr zuhören, wenn sie etwas sagt. Und wenn sie sich bewegt, dann wippt ihr Haar. Sie hat einen langen schlanken Hals, wissen Sie, und sie hat langes Haar, das durch den langen Hals sehr lange braucht, bis es bei den Schultern ist, und wenn sie geht, dann tippt ihr Haar auf ihre Schlüsselbeine und springt zurück, fast bis zu ihrem Kinn, und dann möchte man ihr Haar berühren und es aus ihrem Gesicht streichen, hinter ihr Ohr klemmen, irgendetwas tun, nur, um es anzufassen.

Wissen Sie, ich kann ihn sogar verstehen, in meinem Kopf ist mir das alles völlig klar. Aber im Kopf tut es ja auch nicht weh.

Das Schlimmste sind die Phantasien. Immer, wenn ich nicht aufpasse, sehe ich seine Augen vor mir, die mich sanft ansehen, und ich stelle mir vor, wie er langsam näher kommt, mich anlächelt, mich an sich drückt und mich dann stürmisch küsst, meinen Hals küsst, mich mit dem Gewicht seines warmen Körpers an die Wand hinter mir drückt – komischerweise ist immer, wenn ich solche Vorstellungen habe, hinter mir eine Wand, ob das eine Bedeutung hat, frage ich mich – ich spüre seinen Atem und seine weichen Lippen, ich kann es wirklich spüren, Herr Dr. Rosenbaum, es überfällt mich regelrecht, und dann wird das Verlangen so groß, dass ich vollständig die Kontrolle verliere, dass mein Körper sich windet, sich ihm entgegenstreckt und ich mich seufzen höre, egal, wo ich bin, im Bus, im Park, im Meeting. Ich bin kaum mehr ich selbst, nur noch Verlangen und Ekstase! Ich möchte etwas in den Mund nehmen, unbedingt etwas in den Mund nehmen, Herr Dr. Rosenbaum, und in meiner Phantasie ist alles wunderbar feucht und warm und weich und hart, dabei muss ich doch beruflich so sauber sein, wissen Sie, sauber und adrett und gepflegt und parfümiert, und in meinem Kopf sind nur noch Zungen und Brusthaare und schwitzende Körper.

Ich habe einen seriösen Beruf, wissen Sie, und nun diese Phantasien, das macht mich völlig fertig. Aber was soll ich denn tun? Ich meine, ich kann das ja nicht steuern, er ist einfach da, schiebt sich plötzlich in meine Gedanken, nackt und fordernd, und ich will ihn nur noch küssen, überall. Ich wünschte mir ja auch, dass ich endlich wieder an etwas anderes denken kann, etwas Emanzipierteres vielleicht – oder Blumen!

Helfen Sie mir doch, Herr Dr. Rosenbaum, ich kann kaum noch atmen und sehen Sie doch, meine Hüften, wie sie sich langsam, kaum merklich bewegen, sich rhythmisch auf und nieder strecken, und meine Lippen, wie rot und voll sie sind, meine Brustwarzen, wie sie sich sogar durch den BH abzeichnen, so hart sind sie! Sehen Sie den Knopf, er wird ja fast aus der Bluse gerissen!

Ach, Herr Dr. Rosenbaum, wenn ich Ihnen das schildere, diese Phantasien, mir wird schon wieder ganz heiß, ich glaube dann, ich würde sogar Sie nehmen, Herr Dr. Rosenbaum, ich würde ja jeden nehmen!

Helfen Sie mir doch, Herr Dr. Rosenbaum, ich kann so doch nicht arbeiten, ich bin eine erfolgreiche, selbständige Frau, wissen Sie, wenn mir das in Gegenwart eines Kunden passiert, was soll ich denn dann tun, was soll der denn nur denken, wenn er diese Hüften sieht, diese Lippen, meine roten Wangen, die Brustwarzen, das Haar! Wie lasziv mir die Haare ins Gesicht fallen, das sieht doch nicht seriös aus, da muss man doch was machen können, haben Sie denn da keine Medizin?

Und dann dieses dümmliche Lächeln, es schwächt mich in meiner Verhandlungsposition, verstehen Sie, immer lächeln, mit geschwollenen Brüsten und schiefem Kopf und roten Lippen, wie soll mich denn da noch einer ernst nehmen?

Herr Dr. Rosenbaum? Aber... was machen Sie denn? Setzen Sie sich wieder, bitte! Nein, oh Gott, bitte machen Sie das Hemd wieder zu! Und Ihre Hose, ich meine: Ihre Hose. Nein, aber, das war doch metaphorisch gemeint! Wissen Sie was? Ich kauf' mir einfach Lutschbonbons. Ich wollte sagen: Halsbonbons.

Das tut mir leid, das war wohl ein Missverständnis, auf Wiedersehen, Herr Dr. Rosenbaum, ja, ich mach' die Tür hinter mir zu, machen Sie es gut – also, ich wollte sagen: Halten Sie die Ohren – nein, ich meine nur: Lassen Sie es sich gutgehen – also – nicht soo gut – ach, vergessen Sie es einfach: Auf Wiedersehen!

JOHANNA WACK, 35, *Heimatstadt?* Hamburg; *Alter in geschriebenen Slam-Texten?* Schwierige Frage! Zählen auch die schlechten? Ich schätze irgendwas zwischen 25 und 52. *Hintergrund zu diesem Text?* Ist natürlich alles so passiert.

EINE KURZE GESCHICHTE VOM VERSCHWINDEN

Patrick Salmen

H err Richter war ein Mann von 83 Jahren und lebte mit seiner Frau Elena in einer kleinen Wohnung im Stadtzentrum. Für sein fortgeschrittenes Alter war er noch recht gut zu Fuß unterwegs, machte tagtäglich lange Spaziergänge, ging mit Freunden und Bekannten in Restaurants und Cafés. Man kann sagen, dass er ein erfülltes, glückliches Leben hatte, alle Dinge mit einem hohen Maß an Würde und Stolz verrichten konnte. Aber es gab eine einzige Sache, die missfiel ihm recht arg. Er liebte seine Stadt über alles, besonders das geschäftige Treiben auf dem Boulevard, und er verstand auch, dass sich die Dinge zwangsläufig verändern, dass er die Zeit nicht einfrieren konnte und dass man sich nicht zu sehr an Vergangenes klammern sollte, aber da gab es diese winzige Kleinigkeit –

das Verschwinden der kleinen pastellgelben Telefonhäuschen. Damals, da standen sie am Straßenrand – kleine winzige Zellen.

Und früher hatte er sich jeden Tag einmal dort hineingestellt. Und obgleich er durch die transparenten Scheiben alles hatte sehen können, war er in diesem Zeitraum verschwunden. Er existierte nicht mehr. Er war ohne Zeit und ohne Raum. Als hätte man ihn einfach aus einem Gemälde ausradiert.

Als sie noch ganz kleine Jungen waren, erzählten sie sich, dass man in den kleinen Zellen in die Zukunft reisen könnte, wenn man die Nummernfolge 721 auf der kleinen Scheibe wählen würde. Und es gab immer einen, der jemanden kannte, der wiederum jemanden kannte, dem es angeblich gelungen war und den man seitdem nie wieder gesehen hatte, ihn also auch nie befragen konnte.

Aber Herr Richter hatte nie großes Interesse daran gehabt, in die Zukunft zu reisen, er wollte in der Gegenwart bleiben und sich lediglich für einen kleinen Moment aus seiner Umgebung herausfiltern.

Als im Jahre 1946 verordnet wurde, dass alle Telefonhäuschen fortan die Farbe Gelb tragen mussten, schrieb er im Alter von neun Jahren seine erste eigene Geschichte. Die Geschichte von einem Anstreicher, der eine allergische Reaktion auf alle Farben dieser Welt hatte. Außer eben gelb. Alle anderen Farben brachten ihn zum Niesen. Und da er nun der einzige Anstreicher im Lande war, weil die anderen im Krieg gefallen waren, hatte man diesen Kompromiss gefunden und alle Telefonzellen mussten nun diesem Manne zuliebe gelb gestrichen werden. Er wurde damit vom Staate beauftragt und strich ganz alleine alle Häuschen neu an. Als er nach vielen Jahren seine Arbeit beendet hatte, war er steinreich und von dem Geld konnte er sich eine Operation leisten. Fortan konnte er endlich alle Farben der Welt sehen. Das erste, was er dann tat – er kaufte sich eine dunkelgrüne Gießkanne. Und sie blieb bis heute für ihn das Schönste, das er je besessen hatte. Eine grüne Gießkanne. Mehr nicht.

Herr Richter war unsichtbar in diesen Zellen. Nicht so, wie kleine Kinder glauben, dass sie unsichtbar sind, wenn sie sich die beiden Hände vor das Gesicht halten, nein, er war unsichtbar im Sinne von nicht existent.

Und über alle Zellen in seiner Stadt konnte er eine kleine Anekdote erzählen: Da war der erste Kuss von seinem besten Freund Erik, der dem Mädchen dabei aus Versehen auf die Zunge gebissen hatte, woraufhin dieses vor Schreck mit dem Kopf an die Scheibe geschlagen war und ihn dann drei Tage mit Verachtung gestraft hatte. Aber Erik und Maria waren bis heute verheiratet und Herr Richter glaubte fest daran, dass dies nicht geschehen wäre, wenn Erik nicht so ein Tollpatsch gewesen wäre.

Dann gab es die Telefonzelle, die ein bisschen schiefer war als die anderen. Ein großer rundlicher Mann sei beim Telefonieren eingeschlafen und habe sich dabei an die Scheibe gelehnt. Dabei sei das Häuschen immer ein Stückchen mehr zur Seite gekippt, erzählten sich die Leute.

Das Schönste an den kleinen Häuschen aber waren die kleinen handschriftlichen Wörter und Sätze, die man in den Telefonbüchern fand. Oft waren es nur Namen und Nummern, die man sich während eines Gesprächs auf die Schnelle notieren musste, aber manchmal standen dort auch kleine Verse oder ganze Sätze. Manche Leute schienen sich beim Telefonieren zu langweilen und kritzelten dabei kleine Bilder auf die Seiten. Einmal hatte Herr Richter ein Buch gefunden, in das jemand einen ganzen Zoo gezeichnet hatte – Elefanten, Enten, Kamele. Einmal war er erschrocken, als er die Zeile las – »Wer das liest, ist doof.« Da wurde er sehr sauer und schrieb: »Wer das geschrieben hat, ist noch doofer.«

Und jetzt? Jetzt waren die Telefonhäuschen verschwunden. Und das war wohl in Ordnung, schließlich sollte man gewisse Dinge aus der Vergangenheit nicht mit zu viel Melancholie behaften. Dessen war er sich bewusst. Aber das änderte leider nichts daran, dass sie ihm ein Stückchen weit fehlten.

Aber der gute Herr Richter hatte einen Plan. Eines Tages kaufte er in einem Fachgeschäft für Modelleisenbahnen hunderte kleiner Telefonzellen im Miniaturformat. Sie waren nur dreißig Millimeter hoch, winzig klein. Und dann zog er eines Nachts los und verteilte sie in seinem Viertel. Stellte sie an die Orte, von denen er sich sicher war, dass dort manche Menschen froh wären, wenn sie einen kleinen Raum zum Verschwinden hätten. Auch wenn sie sich einfach nur dicht daneben stellen könnten, weil sie ja schließlich nicht hineinpassen würden. 721 Telefonzellen verstreute er also heimlich in der Stadt. Und nun, wir belassen ihn in dem Glauben, dass man seine Arbeit wahrnahm, auch wenn viele der kleinen Modelle achtlos unter den Schuhsohlen zerquetscht wurden, weil man sie einfach nicht gesehen hatte. Aber eine kleine Zelle, die stand nun in seinem Wohnzimmer. Und immer wenn er sich danach fühlte, dann stellte er sich ganz dicht daneben und verschwand. Für eine ganz kleine Weile.

PATRICK SALMEN, 28, *Heimatstadt?* Dortmund; *Alter in geschriebenen Slam-Texten?* 99; *Lieblingsplatz zum Schreiben?* Küchentisch; *Hamburg...?* Zweite Heimat.